STIMMUNGSVOLLE KERZEN
& Räucherbündel

STIMMUNGSVOLLE KERZEN

& *Räucherbündel*

35 inspirierende Ideen zum Selbermachen   **EMMA HARDY**

Fotos: **Debbie Patterson**

Umschlaggestaltung: DSR – Werbeagentur Rypka, A-8143 Dobl/
Graz
Titelbild: Debbie Patterson.
Bildnachweis: Debbie Patterson.

Titel der englischen Originalausgabe: Emma Hardy: Handmade
Candles & Smudge Sticks. 35 inspiring step-by-step projects. Pu-
blished in 2019 by CICO Books. An imprint of Ryland Peters &
Small Ltd, 20–21 Jockey's Field, London WC1R 4 BW, 341 W
116th St, New York, NY 10029.
Text © Emma Hardy 2019
Design und photography © CICO Books 2019

Aus dem Englischen ins Deutsche übertragen von Nina Schön.

Bibliographische Information der Deutschen Nationalbibliothek
Die Deutsche Nationalbibliothek verzeichnet diese Publikation in
der Deutschen Nationalbibliographie; detaillierte bibliographische Daten sind im Internet über http://dnb.d-nb.de abrufbar.

Hinweis:
Dieses Buch wurde auf chlorfrei gebleichtem Papier gedruckt.
Die zum Schutz vor Verschmutzung verwendete Einschweißfolie
ist aus Polyethylen chlor- und schwefelfrei hergestellt. Diese um-
weltfreundliche Folie verhält sich grundwasserneutral, ist voll re-
cyclingfähig und verbrennt in Müllverbrennungsanlagen völlig
ungiftig.

Auf Wunsch senden wir Ihnen gerne kostenlos unser Verlagsver-
zeichnis zu:
Leopold Stocker Verlag GmbH
Hofgasse 5 / Postfach 438
A-8011 Graz
Tel.: +43 (0)316/82 16 36
Fax: +43 (0)316/83 56 12
E-Mail: stocker-verlag@stocker-verlag.com
www.stocker-verlag.com

ISBN 978-3-7020-1868-9

Satz: DSR – Werbeagentur Rypka, A-8143 Dobl/Graz
Printed in China

Inhalt

Einleitung

Wenn Sie Lust haben, mit der Herstellung von Kerzen und Räucherbündeln zu beginnen, ist dieses Buch mit 35 Projekten der perfekte Einstieg. Auch wenn Sie eine Vielzahl an Kerzen im Geschäft kaufen können, bereitet das Selbermachen bei Weitem mehr Freude – und ist darüber hinaus auch noch viel kostengünstiger.

Den Beginn macht ein Kapitel über Räucherbündel, die zunehmend an Beliebtheit gewinnen und überraschend einfach in der Herstellung sind, dann folgen fünf Kapitel über die Kerzenherstellung, die Sie mit allen Anleitungen für den Anfang versorgen: Von der Verwendung von Plastik-, Metall- und Gummiförmchen übers Kerzenziehen und die Herstellung von Kerzen in Behältern bis hin zur Zugabe von Düften leiten diese Projekte Sie vom Beginn bis zur Fertigstellung, sodass Sie eine Vielzahl von Gestaltungsmöglichkeiten vorfinden.

Die Grundtechnik der Kerzenherstellung ist einfach, doch die Perfektion von Duftstärke, Wachsfärben und den feinen Verbesserungen am Schluss kann sich zu einer richtigen Wissenschaft entwickeln. Es lohnt sich, den Abschnitt über Techniken und Material (siehe Seite 8–12) zu lesen, wo die Grundtechniken erklärt werden. Aufgrund der Vielzahl an Faktoren, die den Erfolg Ihrer Kerzen beeinflussen, werden ein paar Fehler und unerwartete Ergebnisse unvermeidlich sein, aber das Experimentieren gehört zu dem ganzen Spaß nun mal dazu! Werfen Sie einen Blick auf Seite 13 für einige leichte Lösungen häufig auftretender Probleme, die dem Kerzenhersteller begegnen können. Mit all diesem Wissen im Hinterkopf versuchen Sie, sich nicht zu sehr an technische Details zu klammern – lassen Sie sich von Ihrer Kreativität den Weg weisen!

Es gibt viele verschiedene Wachse und Dochte mit verschiedenen Qualitäten und Merkmalen. Ich empfehle Ihnen, mit einem einfachen Paraffin- oder Sojawax und vorgewachsten Dochten zu beginnen. Wenn Sie versierter sind, werden Sie wahrscheinlich verschiedene Wachse, Färbemittel und Duftstoffe ausprobieren wollen, um unterschiedliche Effekte zu erzielen.

Wenn Sie eine große Charge Kerzen herstellen, ist es klug, erst eine zu gießen und Dochtstärke, Farbe oder Duft zu prüfen, sie, falls notwendig, zu verbessern und dann den Rest herzustellen, sodass Sie nicht mit einem ganzen Haufen Kerzen dastehen, mit dem Sie unglücklich sind.

Zu guter Letzt ist es ratsam, ein Notizbuch mit Details zu Duftstoff- und Färbemittelmengen sowie den Wachstemperaturen, die Sie für jedes Projekt benutzt haben, zu führen, damit Sie aus Ihren Erfahrungen lernen können. Es ist sehr nützlich, auf vorherige Kerzenarbeiten zurückblicken zu können, die gut funktioniert haben.

Dieses Buch soll Ihnen als Rüstzeug für alle Fertigkeiten dienen, die Sie nicht nur zu den enthaltenen Projekten benötigen, sondern auch zum Gestalten Ihrer eigenen Kerzen und Räucherbündel und zum Personalisieren der Designs in Ihrem eigenen Stil.

Räucherbündel

Ein Räucherbündel ist ein Bündel aus getrockneten Kräutern, das aufgrund seiner läuternden und reinigenden Eigenschaften verbrannt werden kann. Das Verbrennen von Kräutern auf diese Weise ist ein altes Ritual der indigenen Völker Nordamerikas. Heutzutage ist es bei New-Age-Heilern und vielen anderen Kulturen rund um die Welt beliebt. Traditionell werden für die Räucherbündel spezielle Kräuter und Pflanzen verwendet, die zu besonderen Zeitpunkten ihren individuellen Merkmalen entsprechend geerntet werden. Sie werden gebunden, getrocknet und dann in einer Zeremonie verbrannt, die „Smudging" genannt wird und negative Energie entfernen und das Gleichgewicht wieder herstellen soll. Die Räucherbündel in diesem Buch geben nicht vor, authentisch zu sein, aber sie können helfen, die Natur in den Wohnraum zu bringen und ihr Zuhause in eine ruhige Atmosphäre zu tauchen. Sie ermöglichen Ihnen, die Grundelemente der Räucherbündel auf einfache und leichte Weise zu nutzen. Unten finden Sie die häufigsten Kräuter, die für Räucherbündel verwendet werden – Sie können aber auch Ihre eigenen Kräuter verwenden, je nach Duft und Verfügbarkeit.

WEISSER SALBEI – soll Negatives vertreiben und ist ideal, um das Zuhause zu reinigen. Auch Küchensalbei kann verbrannt werden, doch manche Menschen finden seinen Geruch zu durchdringend.

ZEDER – soll gute Geister anziehen; nützlich zum Reinigen eines neuen Heims und zum Vertreiben negativer Energien.

LAVENDEL – man glaubt, er habe Schutzkräfte, bringt positive Energie und fördert die Liebe.

ROSMARIN – kann helfen, böse Geister abzuwehren, hält Albträume fern und kann Klarheit bringen.

BEIFUSS – man glaubt, er fördere das körperliche Wohlgefühl und könne bei der Verbesserung von Ausdauer helfen.

WACHOLDER – man glaubt, er habe belebende Wirkung und könne sowohl Körper, Geist und Seele beleben als auch wunderschön duften.

PINIE – kann wegen ihrer reinigenden Kräfte verwendet werden.

ROSENBLÜTEN UND -KNOSPEN – können eine meditative und ruhige Atmosphäre mit einem nachhaltigen, feinen Duft erzeugen.

EUKALYPTUS – hat einen reinigenden Duft und ist nützlich für Gesundheit und Heilung.

THYMIAN – soll Optimismus und Mut fördern.

ZITRONENMELISSE – kann bei spiritueller Reinigung helfen und ist nützlich, um wieder zur Ruhe zu kommen.

Räucherbündel müssen mindestens zwei Wochen lang trocknen, bevor man sie anzünden kann. Um sie zu benutzen, zünden Sie das Ende an und pusten die Flamme aus. Legen Sie das Räucherbündel auf einen hitzebeständigen Teller oder eine Platte und lassen Sie es rauchen oder halten Sie es bis zum Schluss und fächeln Sie das Räucherbündel langsam im gesamten Raum herum, sodass sich der Rauch verteilt. Ein paar Minuten Räuchern sollten genug sein – Sie können es auf einem hitzebeständigen Teller ausbrennen lassen. Brennt es zu lange, erzeugt das Räucherbündel sehr viel Rauch, sodass Sie ein Fenster öffnen müssen. Raucht es noch weiter, streichen Sie es vorsichtig über eine hitzebeständige Oberfläche, um es abzulöschen. Ein Räucherbündel kann einige Male verwendet werden, zünden Sie es jedoch nicht zu nahe am Ende an, da es sich dann nicht mehr sicher handhaben lässt.

Kerzen

Kerzen gibt es in einer riesigen Bandbreite an Formen, Größen und mit verschiedensten Duftstoffen. Dass es so viele Varianten gibt, macht die Kerzenherstellung zu einem aufregenden Prozess. Hier sind die grundlegenden Kerzenformen:

STUMPENKERZEN – einzelne Kerzen, für gewöhnlich zylinderförmig. Sie werden mit einfachen Gussformen in einer riesigen Bandbreite an Farben hergestellt. Für gewöhnlich werden sie aus Paraffinwachs mit Stearinzusatz hergestellt – so erhalten Sie harte Kerzen, die nicht zu viel tropfen, wenn sie angezündet sind.

GEZOGENE KERZEN – die älteste und traditionellste Kerzenart, die durch wiederholtes Eintauchen der Dochte in geschmolzenes Wachs entsteht. Für sie wird keine Gussform benötigt, aber Sie brauchen einen tiefen Tauchbehälter für das Wachs. Sie können aus Paraffinwachs oder Bienenwachs hergestellt werden. Für ein einfaches, klassisches Erscheinungsbild bleiben sie unverziert, für ein interessanteres Aussehen können sie verdreht und dekoriert werden.

! WICHTIGER SICHERHEITSHINWEIS

Lassen Sie Ihre Räucherbündel niemals unbeaufsichtigt. Vergewissern Sie sich, dass sie komplett erloschen sind, bevor Sie sie wegräumen. Stellen Sie sicher, dass sie niemals auf einer Oberfläche liegengelassen werden, die durch Hitze Schaden erleiden könnte.
Räuchern Sie nicht direkt neben Kindern und Tieren!

KERZEN IN BEHÄLTERN – Dosen, Trink- oder Einmachgläser und alles, was wasserdicht ist, kann verwendet werden, um Kerzen in Behältern herzustellen. Oft mit Düften versetzt, lassen sich Kerzen in Behältern sehr leicht herstellen und sind ideal, wenn Sie mehrere Kerzen gleichzeitig machen wollen.

Bienenwachs und Paraffinwachs können beide verwendet werden, müssen aber aufgegossen werden, da das Wachs sich während des Aushärtens für gewöhnlich absenkt. Sojawachs kann ebenfalls verwendet werden; es hat eine hübsche, cremeweiße Farbe, Duftstoffe und Färbemittel können leicht hinzugegeben werden und es neigt nicht dazu, während des Trocknens in der Mitte einzufallen.

GEGOSSENE KERZEN – sie können eine riesige Bandbreite an Formen annehmen, indem gekaufte Gummi-, Glas-, Plastik- und Metallformen verwendet werden. Paraffinwachs ist perfekt für diesen Kerzentyp geeignet, da es hart ist und gut seine Form behält. Auch Bienenwachs kann verwendet werden, aber es kann schwierig sein, es aus der Form zu lösen, da es mitunter ziemlich klebrig ist.

Materialien

WACHS

Die folgenden Informationen über Wachse geben Ihnen einen generellen Überblick, aber es gibt so viele verschiedene Paraffin-, Bienen- und Sojawachse, dass Sie immer die Informationen und spezifischen Details, wie etwa Schmelzpunkte, die variieren können, beim Kauf beachten sollten.

PARAFFINWACHS

Dieses Wachs ist ein gutes Allround-Wachs, farblos, geruchlos und für die Herstellung einer Vielzahl an Kerzen geeignet. Es ist ein Nebenprodukt der Erdölraffinerie und ist in Pelletform, aber auch in Blöcken erhältlich. Gewöhnliches Paraffinwachs kann für Stumpenkerzen in Gussformen, gezogene Kerzen oder Kerzen in Behältern verwendet werden. Es gibt viele verschiedene Paraffinwachse zur Kerzenherstellung – jene mit höheren Schmelzpunkten (über 54 °C) eignen sich für Stumpenkerzen, da das Wachs hart ist und die Form gut behält. Paraffinwachs mit niedrigerem Schmelzpunkt kann für Kerzen in Behältern verwendet werden. Paraffinwachskerzen sinken ein und müssen aufgegossen werden, wenn sie hart werden. Einige Paraffinwachse sind mit Stearin angereichert (siehe Stearin, rechte Seite), achten Sie beim Kauf darauf!

SOJAWACHS

Dieses Wachs stammt von Sojabohnen und ist umweltfreundlicher als Paraffinwachs, da es vollständig erneuerbar und biologisch abbaubar ist. Es ist in Flocken- und Pelletform erhältlich, eignet sich für Kerzen in Behältern, hat eine schöne, cremeweiße Farbe und verbrennt reiner als Paraffinwachs, wobei es weniger rußt. Seine Duftstärke (siehe Vybar, untenstehend) ist nicht so stark wie die von Paraffinwachs und es wird mehr Farbe benötigt, um stärkere Farben zu erhalten, dafür müssen Sie es beim Abkühlen nicht auffüllen und die Gusstemperaturen sind weniger wichtig als bei Paraffinwachs.

BIENENWACHS

Dies ist ein komplett natürliches Wachs, das in weißen oder gelben Pellets oder Blöcken erhältlich ist. Es wird auch in Platten in verschiedensten Farben verkauft. Es verbrennt langsamer, sauberer und mit einer helleren Flamme als andere Wachse, was es zu einem schönen Wachs für die Kerzenherstellung macht. Es ist allerdings, verglichen mit anderen Wachsen, sehr teuer und auch klebrig, was die Arbeit damit erschwert, vor allem, wenn Sie mit Gussformen arbeiten. Bienenwachs sollte nicht für vegane Kerzen verwendet werden. Hier ist Sojawachs eine gute Alternative, da es pflanzenbasiert und nachhaltig ist.

STEARIN

Stearin hilft dem Wachs beim Schrumpfen, wodurch sich die Kerzen leichter aus ihren Formen lösen lassen. Es kann auch zu besserer Farbtiefe mit einem härteren Mantel verhelfen. Außerdem kann es das Einsinken von Kerzen reduzieren und für eine langsamere Brenndauer sorgen. Es sollte 1 Teil Stearin zu 10 Teilen Wachs verwendet werden, also benötigen 200 g Wachs 20 g Stearin. Manchmal können Sie Paraffinwachs mit Stearinzusatz kaufen, doch wenn Ihr Wachs keines enthält, ist es sinnvoll, es nachträglich beizumengen, insbesondere wenn Sie Kerzen in Plastik- oder Metallformen gießen. Es sollte jedoch nicht in Gummiformen verwendet werden, da es zur Zersetzung des Gummis führen kann. Stearin ist nicht vegan, da es aus Tierfett gewonnen wird. Es gibt Stearine auf Kokos- und Palmölbasis, die man im Fachhandel erwerben kann. Sie sind ein bisschen teurer, dafür aber zu 100 % vegan.

Im Uhrzeigersinn von oben nach unten: Bienenwachs, Paraffinwachs, Stearin und Sojawachs

VYBAR

Vybar ist ein Polymer, das zur Steigerung der Duftstärke von Kerzen verwendet werden kann. Wird es dem Wachs zugegeben, kann es zu einer härteren und matteren Oberfläche verhelfen. Es kann anstelle von Stearin verwendet werden, wenn Sie Gummiformen verwenden, damit sich die Kerze leichter löst. Ich verwende 5 % Vybar im Wachs (oder 1 Teil Vybar zu 20 Teilen Wachs), sodass auf 200 g Wachs 10 g Vybar kommen. Verwenden Sie zu viel Vybar, kann das die Duftstärke mindern, weshalb Sie nicht zu viel beimengen sollten. Auch wenn es in der Kerzenherstellung nicht zwingend notwendig ist, kann es ein sinnvolles Additiv sein, wenn Sie stark duftende Kerzen herstellen möchten.

DOCHTE

Es ist wichtig, den richtigen Docht zu verwenden, wenn Sie Kerzen herstellen. Ein zu dünner Docht verhindert, dass die Kerze ordentlich abbrennt, und kann dazu führen, dass sie vorzeitig erlischt. Ein zu dicker Docht bringt die Kerze zum Flackern und erzeugt viel Ruß. Dochte bestehen für gewöhnlich aus Baumwolle, haben aber oft

Baumwolle- und Leinendochte

Dochthalter und gebrauchsfertige Dochte

Leinen, Papier oder Zink (für längere Brenndauer) zugesetzt. Sie werden in verschiedenen Größen verkauft, von 1 cm bis 10 cm. Versuchen Sie, vorgewachsten Docht zu kaufen, da dieser besser brennt. Der Durchmesser Ihrer Kerze bestimmt, welchen Docht Sie benötigen. In der Tabelle auf S. 126 können Sie die richtige Dochtstärke einfach ablesen. Beachten Sie, dass es Dochte gibt, die richtig ausgerichtet werden müssen: Hat das Gewebe ein V-Muster, so müssen die Öffnungen des V nach oben, die Spitze nach unten zeigen. Es gibt verschiedene Dochte, die ver-

schiedene bestimmte Eigenschaften aufweisen, also achten Sie beim Kauf darauf, für jedes Projekt den richtigen Docht zu finden, um Erfolg in der Kerzenherstellung zu haben. Dochte können vorgefertigt mit Dochthaltern oder separat erhältlich sein.

DOCHTHALTER

Dabei handelt es sich um kleine runde Scheiben aus Metall für die Unterseite Ihrer Dochte. Ist der Docht einmal durch das Loch in der Mitte gefädelt, kann er mit einer kleinen Zange, mit der der Docht gehalten wird, festgezogen werden. Dochthalter lassen Kerzen bis zum Ende weiterbrennen, ohne dass der Docht umkippt.

KLEBEWACHS

Es ist in Form fester Stäbe oder als Plättchen erhältlich und wird verwendet, um den Dochthalter unten an die Behälter zu kleben. Klebewachs in Stangenform kann auch im Wasserbad geschmolzen und auf Kerzen gepinselt werden, um Verzierungen, wie Blätter oder getrocknete Blumen, anzukleben.

DICHTUNGSMASSE FÜR GUSSFORMEN

Dabei handelt es sich um eine kittartige Substanz, die um die Dochte herum und an den Gussformen verwendet wird, um zu verhindern, dass das Wachs hinausläuft. Sie kann wiederverwendet werden, wenn sie sauber und staubfrei gehalten wird.

DUFTSTOFFE UND ÖLE

Duftstoffe speziell für Kerzen sind weit verbreitet und in einer riesigen Bandbreite an Düften erhältlich. Oft handelt es sich dabei um Mischungen von natürlichen ätherischen Ölen und synthetischen Stoffen. Reine ätherische Öle können zwar verwendet werden, doch die Temperatur des geschmolzenen Wachses sollte ein wenig gesenkt werden, bevor Sie diese hinzugeben, da das ätherische Öl sonst ein wenig verdampfen könnte, was die Duftstärke verringert. Testen Sie die Öle vor ihrer Verwendung, da einige unangenehme Gerüche erzeugen, wenn sie verbrannt werden. Duftstoffe speziell für Kerzen sind weniger mühsam in der Verwendung, da sie genau dafür hergestellt werden und oft auch ohne zu viele synthetische Beigaben auskommen. Plus: Sie sind oft vegan.

FÄRBEMITTEL

Wachsfarbe kann flüssig, in Pulver- oder in Scheibenform gekauft werden. Sie ist in einer Vielzahl an Farben erhältlich, die zusammengemischt werden können, um viele Farbtöne zu erhalten. Es ist ratsam, eine Grundausstattung in Rot, Blau, Gelb, Schwarz, Creme, Braun, Grün und Pink zu kaufen, damit Sie ein großes Farbspektrum selbst herstellen können.

Grundausstattung zur Kerzenherstellung

WASSERBAD

Es ist sehr wichtig, dass Sie das Wachs nicht direkt über einer Flamme oder einer Hitzequelle erhitzen, deswegen ist das Wasserbad von essenzieller Wichtigkeit bei der Kerzenherstellung. Ein Topf kann in einen Topf oder eine Pfanne mit Wasser gestellt werden, um das Wachs zum Schmelzen zu bringen, aber ein Profi-Wasserbad (oft günstig online oder im Gastronomiebedarf erhältlich) ist sicherer und einfacher in der Verwendung. Der untere Topf sollte halbvoll mit kochendem Wasser sein, damit das Wachs im oberen schmelzen kann (ihn zur Gänze zu füllen, kann das Wasser zum Überkochen bringen, was Sie vermeiden sollten, damit das Wasser nicht in das schmelzende Wachs spritzt). Prüfen Sie den Wasserstand regelmäßig, um zu verhindern, dass der Topf am Trockenen kocht. Nach der Verwendung des Wasserbads gießen Sie überschüssiges Wachs aus, leeren das Wasser des unteren Topfs aus, wischen beide Gefäße mit Küchenpapier aus und lassen sie vollständig trocknen.

THERMOMETER

Für die Kerzenherstellung muss das Wachs zu einer bestimmten Temperatur geschmolzen sein, um das beste Ergebnis zu erzielen, darum ist ein Thermometer von essenzieller Wichtigkeit. Es gibt spezielle Kerzenthermometer, aber ein Küchenthermometer tut es auch, wenn es bis 180 °C reicht. Nach der Verwendung wischen Sie es mit einem Papiertuch ab und bewahren Sie es in seiner Schachtel auf, um Schäden zu vermeiden.

HOLZLÖFFEL

Er wird gebraucht, um Wachs und Färbemittel zu verrühren. Verwenden Sie Ihren Löffel für die Kerzenherstellung nicht zum Kochen!

KANNE

Eine billige Plastikkanne reicht aus. Besonders nützlich, um Wachse in kleine Behälter oder Formen zu gießen, und unabdinglich, wenn Ihr Wasserbad keinen Schnabel zum Ausgießen hat.

WEITERE NÜTZLICHE GEGENSTÄNDE
TAUCHBEHÄLTER

Unabdinglich für das Kerzenziehen und in Geschäften für Kerzenherstellungsbedarf erhältlich, ist dies ein tiefer Metallbehälter zum Schmelzen des Wachses, der in einer Pfanne mit köchelndem Wasser verwendet wird. Für Tauchbehälter benötigt man viel Wachs, um sie zu füllen, achten Sie beim Kauf darauf!

Wischen Sie den Behälter nach jeder Verwendung sofort aus, um überschüssiges Wachs zu entfernen, und trocknen Sie ihn außen gut ab. Alternativ können Sie auch hohe Behälter aus dem Gastronomiebedarf zum Kerzenziehen verwenden. Achten Sie darauf, dass sie durchwegs sauber und trocken sind, bevor Sie sie verwenden.

GUSSFORMEN

Es gibt sie aus Glas, Plastik, Gummi und Metall in einer Vielzahl an Formen und Größen und sie können meist bei achtsamer Handhabung mehrmals verwendet werden. Reinigen Sie sie nach jeder Verwendung. Falls Sie mit Gummiformen und Paraffinwachs arbeiten, achten Sie darauf, dass das Wachs keinen Stearinzusatz hat, da dies das Material angreifen könnte.

GEFÄSSE

Es gibt zahllose Möglichkeiten, um mit verschiedensten Gefäßen kreativ zu werden. Metall-, Glas- und Keramikbehälter können alle verwendet werden, solange sie nur wasserdicht sind.

DOCHTNADEL

Diese langen Metallnadeln sind sehr dick und starr. Sie sind nützlich, wenn Sie mit Gummiformen arbeiten, da diese es Ihnen erlauben, den Docht durch die Formen zu fädeln. Sie können auch verwendet werden, um den Docht unten an der Kerze an seinem Platz zu halten.

WEITERE NÜTZLICHE HELFERLEIN

• Schere – zum Zu- und Zurechtschneiden der Dochte
• Kleine Zange – um die Dochte in den Dochthaltern zu befestigen
• Küchenpapier
• Alte Zeitungen – zum Schutz der Arbeitsoberfläche
• Alte, saubere Plastikbehälter vom Essenslieferservice eignen sich perfekt, um überschüssiges, geschmolzenes Wachs aufzubewahren.
• Hölzerne Spieße und Sturmwäscheklammern – um den Docht an seinem Platz zu halten.
• Alter weißer Unterteller oder Teller, um Wachs darauf zu träufeln, wenn Sie Färbemittel verwenden – so erhalten Sie eine Probe der Farbe, die Sie gemischt haben.

Einrühren von Farbe in das geschmolzene Wachs

ZUGABE VON DUFTSTOFFEN

Als Faustregel sollten 5–10 % Duftstoffe verwendet werden, für 500 g Wachs sollten Sie also vorerst 5 % Duftstoffe (25 g) verwenden, und maximal bei 10 % (50 g) enden, wenn Sie einen stärkeren Duft wünschen. Behalten Sie im Hinterkopf, dass die meisten Wachse nur eine Höchstduftkraft haben und Duftstoffe nicht stärker riechen, obwohl mehr Öle hinzugefügt werden. Die benötigten Mengen variieren abhängig von den Düften und Wachsen, die Sie verwenden, also experimentieren Sie am besten, bis Sie mit dem Ergebnis zufrieden sind.

ARBEIT MIT FORMEN

Um Metallformen zu reinigen, legen Sie sie in einen Ofen bei niedriger Hitze, bis das Wachs geschmolzen ist, nehmen Sie sie dann mit Grillhandschuhen heraus und wischen Sie die Formen mit Küchenkrepp sauber. Glas-, Plastik- und Gummiformen legen Sie in ein Waschbecken mit heißem Seifenwasser und wischen Sie sie mit einem Tuch sauber. Tragen Sie Gummihandschuhe und trocknen Sie die Formen gründlich ab, bevor Sie sie wegräumen.

AUFBEWAHREN UND ANZÜNDEN VON KERZEN

Es gibt ein paar Tipps, damit Sie das Beste aus Ihren selbstgemachten Kerzen holen, wenn Sie sie anzünden:

- Bewahren Sie Kerzen vor direktem Sonnenlicht, damit sie nicht schmelzen und ihre Farben ausbleichen. Lagern Sie sie an einem kühlen, trockenen und staubfreien Ort.
- Schneiden Sie den Docht auf 3 mm zu, bevor Sie die Kerze anzünden.
- Wachs hat ein Erinnerungsvermögen, weshalb es wichtig ist, dass die Kerze beim ersten Anzünden gut schmilzt, um hohles und ungleichmäßiges Abbrennen (siehe Seite 13) in der Zukunft zu verhindern. Wenn Sie die Kerze das erste Mal anzünden, erlauben Sie ihr, eine Stunde pro 2,5 cm Durchmesser zu brennen.
- Stellen Sie angezündete Kerzen niemals in Zugluft auf. So verhindern Sie, etwas Danebenliegendes zu versengen, und die Kerze kann gleichmäßig abbrennen.
- Um eine Kerze zu löschen, schieben Sie den Docht leicht in das geschmolzene Wachs oder verwenden Sie einen Kerzenlöscher. So lässt sich die Kerze das nächste Mal leichter wieder anzünden.

Techniken

BESTIMMEN DER WACHSMENGE

Bevor Sie Ihr Wachs einschmelzen, müssen Sie herausfinden, wie viel Wachs Sie pro Form oder Gefäß benötigen. Dafür füllen Sie die Form oder das Gefäß mit Wasser (Löcher mit Dichtungsmasse abdichten), das Sie in einen Messbecher gießen. Runden Sie die Menge auf den nächsten 10-ml-Betrag auf. Pro 100 ml Wasser benötigen Sie 90 g Wachs. Achten Sie darauf, dass die Form oder das Gefäß vollständig trocken ist, bevor Sie es mit geschmolzenem Wachs füllen. Haben Sie zu viel Wachs geschmolzen, ist das kein Problem, gießen Sie Ihre Überschüsse in eine leere Plastikdose für später.

DAS SCHMELZEN DES WACHSES

Wachs sollte immer im Wasserbad und niemals direkt über einer Flamme oder Hitzequelle geschmolzen werden.

Es kann – besonders bei größeren Mengen – eine Weile dauern, bis das Wachs schmilzt, lassen Sie sich trotzdem niemals dazu verleiten, das Wasserbad aus den Augen zu lassen, während Sie darauf warten, da die Temperatur des Wachses plötzlich steigen kann und es dann leicht seinen Zündpunkt erreicht (und zu brennen beginnt), daher regelmäßig mit einem Thermometer überprüfen! Passt Ihr festes Wachs nicht ins Wasserbad, bringen Sie einen Teil zum Schmelzen und fügen Sie dann mehr hinzu, bis die gesamte Menge Stück für Stück eingeschmolzen ist. Sie können in das Wachs vorsichtig Farb- und Duftstoffe einrühren, versuchen Sie jedoch, nicht zu kräftig zu rühren, um Luftblasen zu vermeiden, die für eine ungleichmäßige Oberfläche der Kerze verantwortlich sein können.

TEMPERATUREN

Wachs muss für die Kerzenherstellung bestimmte Schmelztemperaturen erreichen. Hat es diese Temperatur erreicht, nehmen Sie es vom Feuer. Für einige Projekte in diesem Buch muss das Wachs vor dem Gießen ein wenig abkühlen (z. B. zum Hinzugeben von Duftstoffen oder beim Kerzenziehen), was einiges an Experimenten Ihrerseits erfordert. Es dauert nicht lange, bis das Wachs abkühlt. Gießtemperaturen:

Paraffinwachs – auf 80 °C erhitzen.
Sojawachs – auf 60 °C erhitzen.
Bienenwachs – auf 60 °C erhitzen.

ZUGABE VON FARBE

Wachsfärbemittel sind leicht in ihrer Verwendung, aber die Farbe zu erhalten, die Sie haben möchten, kann ein bisschen schwierig sein. Den Anweisungen des Herstellers zu folgen, ist eine Faustregel, doch das Prinzip „Versuch und Fehler" kann die einzige Lösung sein, wobei Sie mit kleinen Farbmengen beginnen sollten, um auf Nummer sicher zu gehen (ganz gleich, ob Sie flüssige, puder- oder scheibenförmige Farbe verwenden). Fügen Sie die Farbe Ihrem Wachs hinzu und vergewissern Sie sich, dass sie vollständig damit vermischt ist, träufeln Sie ein bisschen Wachs auf einen weißen Teller (oder eine Untertasse) und geben Sie ihm ein paar Sekunden Zeit zum Aushärten. Dies hilft Ihnen, abzuschätzen, ob Sie mehr Farbe benötigen, auch wenn Sie im Hinterkopf behalten sollten, dass diese Wachstropfen weit weniger konzentriert sind als die Kerze am Ende der Arbeit.

Fehler- und Problemlösung

Kerzen selbst herzustellen, macht eine Menge Spaß, aber Fehler und Probleme sind besonders am Anfang unvermeidlich. Lassen Sie sich davon nicht abschrecken! Diese Lösungen zu gängigen Problemen sollten Ihnen helfen.

HOHLES ABBRENNEN
Ursache ist meist ein zu dünner Docht. Dadurch schmilzt das Wachs ungleichmäßig oder in einem kleinen Kreis rund um den Docht, was sich auch auf die Duftstärke einer Kerze auswirken kann. Vergrößern Sie die Dochtstärke, wenn Sie weitere Kerzen herstellen. Wachs hat ein Gedächtnis und verbrennt immer nur bis zu seinem ursprünglichen Brennpunkt, geben Sie Acht, dass die Kerze beim ersten Anzünden über ihren gesamten Durchmesser geschmolzen ist, bevor Sie sie ablöschen, damit sie effektiv verbrennt, wenn Sie sie erneut anzünden.

PILZFÖRMIGER DOCHT
Wenn die Kerze viel Ruß produziert und mit großer Flamme abbrennt, kann der Docht pilzförmig werden. Ursache sind meist ein zu dicker Docht oder manchmal auch zu viele Duftstoffe. Versuchen Sie es mit einem dünneren Docht oder reduzieren Sie die Menge der beigefügten Duftstoffe.

EINFALLEN
Paraffinwachs fällt normalerweise in der Mitte ein, was in Formen und Gefäßen aufgefüllt werden kann, während es aushärtet. Sinkt Ihr Sojawachs rund um den Docht ein, gießen Sie es bei niedrigerer Temperatur.

Lassen Sie die Kerze bei gleichmäßiger Temperatur aushärten.

RISSE IN DER OBERFLÄCHE
Sie können Wasser in der Form als Ursache haben. Achten Sie deshalb vor der Verwendung darauf, dass die Formen vollkommen trocken sind.

„EISBLUMEN" AUF DER OBERFLÄCHE
Manchmal tauchen kleine, weiße „Eisblumen" an der Oberfläche der Kerze auf, die von Ölen, die im Wachs kristallisieren, verursacht werden. Versuchen Sie, die Gusstemperatur zu senken, um sie zu verhindern, und halten Sie die Raumtemperatur konstant, nicht zu heiß oder zu kalt.

SCHWITZEN
Tröpfchen, die sich oben auf der Kerze bilden, können entstehen, wenn Sie zu viele Duftstoffe verwendet haben. Reduzieren Sie die Menge der Duftstoffe.

DAS WACHS SETZT SICH VOM GEFÄSS AB
Das Wachs ist beim Gießen zu kühl. Überprüfen Sie die Temperatur des Wachses vor dem Gießen. Eine weitere Ursache ist schnell abkühlendes Wachs. Lassen Sie die Kerzen bei Raumtemperatur abkühlen.

DIE FARBE IST NICHT WIE ERWARTET
Das Färben kann in eine Reihe aus Versuchen und Irrtümern ausarten. Es kann entmutigend sein, wenn die Kerzen nach dem Aushärten eine Farbe haben, die Sie nicht wollten. Sie können sie einfach wieder einschmelzen und mehr Farbe hinzufügen, damit sie kräftiger werden, oder ein kleines Stück der Kerzen und mehr Wachs verwenden, um die Farbe ein bisschen zu verdünnen. Mit der Erfahrung wird der Umgang mit Färbemitteln einfacher. Notieren Sie sich, wie viel Farbe Sie für jede Charge verwendet haben, um Anhaltspunkte für die Zukunft zu haben.

DIE KERZE LÄSST SICH SCHWER AUS IHRER FORM LÖSEN
Stellen Sie die Kerze für eine halbe Stunde in den Kühlschrank. Das Wachs zieht sich ein bisschen zusammen, sodass sich die Kerze leicht von der Form absetzt.

NIEDRIGE DUFTSTÄRKE
Dafür kann es einige Gründe geben:
• Nicht genug Duftstoffe bei der Herstellung

der Kerze verwendet: Künftig mehr verwenden.
• Der Duftstoff wurde hinzugegeben, als das Wachs zu heiß war, und ist verdampft: Das Wachs vor der Zugabe leicht abkühlen.
• Die Duftstoffe wurden beim Schmelzen nicht richtig in das Wachs eingerührt: Vor dem Gießen langsam und vorsichtig rühren, um sicherzugehen, dass es sich vollständig verteilt hat.

FLACKERNDE FLAMME
Dies kann durch Wasser oder Luftlöcher im Wachs geschehen. Halten Sie das Wachs von Wasser fern, wenn Sie es einschmelzen und gießen, und vergewissern Sie sich, dass die Formen komplett trocken sind. Rühren Sie das Wachs während des Schmelzens nicht zu vehement um, damit sich keine Luftblasen bilden.

DIE KERZE BRENNT ZU SCHNELL AB
Ein zu schnelles Abbrennen kann durch Luftlöcher in der Kerze oder minderwertiges Wachs verursacht werden. Rühren Sie das Wachs während des Schmelzens nicht zu vehement um, damit sich keine Luftblasen bilden, und experimentieren Sie mit anderem Wachs.

KAPITEL 1 RÄUCHER-*Bündel*

RÄUCHERBÜNDEL *aus weißem Salbei*

Salbei ist nützlich, wenn Negatives vermindert werden soll, und kann zum Reinigen von Heim und Haus verwendet werden. Suchen Sie Stiele mit großen Blättern aus, um leichter feste Bündel binden zu können.

WERKZEUG & MATERIAL

Weißer Salbei, einige Bund

Baumwollgarn

Schere

1 Kleine Blätter des Salbeis mit den Fingerspitzen abzupfen.

2 Einige Bund (drei oder vier, je nach vorhandener Größe) zusammenbinden. Binden Sie den Faden um die Stiele herum und befestigen Sie die Arbeit mit einem Knoten. Lassen Sie einen Faden stehen, der lang genug ist, um den letzten Knoten in Schritt 7 zu binden.

3 Schneiden Sie die Stiele bündig mit der Schere zurecht.

4 Wickeln Sie den Faden nach oben um das Bündel herum, ziehen Sie ihn fest, ohne die Salbeiblätter zu beschädigen.

5 Nun das Garn einige Male um die Spitze des Bündels wickeln, erneut festziehen.

6 Arbeiten Sie sich mit dem Garn wieder nach unten, sodass ein gleichmäßiges Zickzackmuster entsteht.

7 Verknoten Sie das Garnende mit dem Anfangsknoten und schneiden Sie die Fäden ordentlich zurecht.

8 Schneiden Sie das Räucherbündel oben und unten mit einem geraden Schnitt an beiden Enden zu. Lassen Sie es mindestens zwei Wochen an einem warmen und trockenen Ort ruhen, bevor Sie es anzünden.

ROSMARIN - *Räucherbündel*

Rosmarin wird traditionell zur Abwehr von bösen Geistern und Albträumen genutzt. Verwenden Sie ihn wegen seiner reinigenden Eigenschaften und um Klarheit zu erhalten. Beachten Sie, dass Sie das Räucherbündel einige Wochen trocknen lassen müssen, bevor Sie es anzünden können.

WERKZEUG & MATERIAL

Frische Rosmarinzweige

Baumwollgarn

Schere

1 Nehmen Sie ähnlich lange Rosmarinzweige in Ihrer Hand zu einem Strauß zusammen. Unterschiedliche Längen erschweren das Binden zu einem ordentlichen Bündel.

2 Binden Sie den Faden um die Stiele und beenden Sie die Arbeit mit einem Knoten. Lassen Sie einen Faden stehen, der lang genug ist, um den letzten Knoten in Schritt 6 zu binden.

3 Drücken Sie das Bündel mit Ihrem Handballen fest zusammen, um die Rosmarinnadeln zu glätten und ein akkurates, kompakteres Räucherbündel zu erhalten.

4 Wickeln Sie die Schnur diagonal um das Bündel herum, versuchen Sie alle herausstehenden Nadeln unter die Schnur zu bringen. Die Schnur festziehen.

5 Führen Sie die Schnur einige Male oben um das Bündel herum und ziehen Sie sie fest.

6 Wickeln Sie die Schnur in einem ordentlichen Zickzack wieder nach unten und versuchen Sie erneut, herausstehende Nadeln zu glätten, dabei die Schnur festziehen. Mit einem sicheren Knoten unten zubinden und die Schnur zuschneiden.

7 Schneiden Sie das Räucherbündel oben und unten mit einem geraden Schnitt an beiden Enden zu. Lassen Sie es mindestens zwei Wochen an einem warmen und trockenen Ort ruhen, bevor Sie es anzünden.

BEIFUSS-*Räucherbündel*

Beifuß *(Artemisia vulgaris)* wird verwendet, um das körperliche Wohlergehen zu fördern und die Ausdauer zu steigern. Er hat fedrige Blätter, weshalb Sie einige Zweige benötigen, um ein Bündel herzustellen — drücken Sie die Blätter während des Bindens zusammen, damit das Bündel fest und kompakt wird.

WERKZEUG & MATERIAL

Beifußpflanze

Gartenschere

Bunter Bast

1 Schneiden Sie die Zweige von der Beifußpflanze mit der Gartenschere ab und lassen Sie bei jedem Zweig etwa 10 cm ohne Blätter stehen. Entfernen Sie kleine oder vertrocknete Blätter mit Ihren Fingerspitzen von den Unterseiten der Zweige.

2 Bündeln Sie die Zweige, halten Sie dabei die Enden fest zwischen Ihren Fingern und wickeln Sie den Bast um die Stiele, sodass diese sicher zusammenhalten. Lassen Sie das Ende des Basts lang genug, um den letzten Knoten in Schritt 6 binden zu können.

3 Wickeln Sie den Bast diagonal um das Bündel herum und drücken Sie es dabei, um die Blätter zusammenzupressen. Den Bast festziehen.

4 Führen Sie den Bast einige Male sorgfältig um die Spitze des Bündels herum und ziehen Sie ihn fest.

5 Wickeln Sie den Bast zurück nach unten um das Bündel herum und versuchen Sie dabei, herausstehende Blattteile einzufangen.

6 Unten am Bündel mit dem Bast einen Knoten binden und sorgfältig zurechtschneiden. Schneiden Sie die Zweige unten mit einem sauberen Schnitt mit der Gartenschere gerade. Lassen Sie es mindestens zwei Wochen an einem warmen und trockenen Ort ruhen, bevor Sie es anzünden.

WACHOLDER-*Räucherbündel*

Wacholder wirkt belebend und stimulierend und hilft Körper, Geist und Seele. Die Zweige können recht lang sein, aber Sie müssen ja nicht das ganze Räucherbündel auf einmal abbrennen — löschen Sie es einfach ab und bewahren Sie es für ein anderes Mal auf!

WERKZEUG & MATERIAL

Lange Wacholderzweige

Gartenschere

Natürlicher Zwirn

1 Schneiden Sie die Wacholderzweige mit der Gartenschere auf dieselbe Länge, binden Sie die Enden fest mit dem Zwirn zusammen und machen Sie einen Knoten. Lassen Sie genug Zwirn stehen, um den letzten Knoten in Schritt 5 zu knüpfen.

2 Drücken Sie die Zweige zusammen (wenn Ihr Wacholder besonders stachelig ist, brauchen Sie eventuell Gartenhandschuhe dafür) und wickeln Sie den Zwirn horizontal um das Bündel herum. Versuchen Sie dabei, alle herausstehenden Nadeln unter den Zwirn zu bringen, und ziehen Sie diesen fest.

3 Binden Sie den Zwirn oben um das Bündel herum und wickeln Sie ihn einige Male fest um den Wacholder.

4 Wickeln Sie den Zwirn wieder im Zickzackmuster nach unten. Den Zwirn wieder festziehen.

5 Machen Sie unten einen sicheren Knoten in den Zwirn und schneiden Sie seine Enden sorgfältig zurecht.

6 Schneiden Sie das Räucherbündel unten mit einem ordentlichen Schnitt mit der Gartenschere zurecht.

7 Schneiden Sie das Bündel oben ebenso mit einem sauberen Schnitt zurecht. Lassen Sie das fertige Räucherbündel mindestens zwei Wochen an einem warmen und trockenen Ort ruhen, bevor Sie es anzünden.

WERKZEUG & MATERIAL

Weißer Salbei, einige Bund

Lavendelzweige

Baumwollgarn

Schere

LAVENDEL-SALBEI-*Räucherbündel*

Lavendel wird seit jeher wegen seiner entspannenden Eigenschaften genutzt und bringt im Duo mit Salbei Ruhe und Frieden in einen Raum. Geräuchert vertreiben sie Stress, fördern Ruhe und stellen die Balance wieder her – oder genießen Sie den wunderbaren Duft.

1 Nehmen Sie ein paar Bund Salbei und entfernen Sie alle kleinen Blätter mit Ihren Fingerspitzen. Fassen Sie den Salbei an den Stielen zusammen.

2 Nehmen Sie einige Lavendelzweige und wickeln Sie sie um das Salbeibündel herum, sodass sie gleichmäßig um den Salbei herum verteilt sind. Wickeln Sie Baumwollgarn um die Unterseite herum und enden Sie mit einem festen Knoten. Genug Garn stehenlassen, um den letzten Knoten in Schritt 6 machen zu können.

3 Beginnen Sie, das Garn um das Bündel herumzuwickeln, ziehen Sie es fest, aber nicht zu stark an, um die Salbeiblätter nicht zu beschädigen.

4 Wickeln Sie das Garn ein paar Mal oben um das Räucherbündel herum und ziehen Sie auch hier das Garn fest, ohne die Blätter zu beschädigen.

5 Wickeln Sie das Garn wieder das Räucherbündel entlang nach unten im Zickzackmuster und halten Sie das Garn gespannt.

6 Enden Sie, indem Sie die Enden des Fadens unten am Räucherbündel verknoten. Die Enden des Garns zurechtschneiden.

7 Schneiden Sie das Räucherbündel oben und unten zurecht und lassen Sie es mindestens zwei Wochen an einem warmen und trockenen Ort ruhen, bevor Sie es anzünden.

BLUMEN-*Räucherbündel*

Diese Räucherbündel sehen so hübsch aus, dass sie sich hervorragend als Geschenk eignen. Eukalyptus wirkt reinigend und kann Gesundheit und Heilung fördern, Thymian bringt eine positive Atmosphäre ins Haus und frische Blumen sind eine Augenweide.

WERKZEUG & MATERIAL

Thymianzweige

Eukalyptuszweige

Blühende Pflanzen an ihren Stielen (Kamille, Mimose oder jede andere kleinere Blume)

Schere

Natürlicher Zwirn

1 Nehmen Sie ein paar Thymianzweige in Ihre Hand und halten Sie sie unten fest.

2 Schneiden Sie ein paar Eukalyptuszweige und Blumen auf dieselbe Länge und bündeln Sie sie rund um den Thymian herum.

4 Wickeln Sie den Zwirn um das Bündel herum und stecken Sie dabei Blätter und Blüten unter den Zwirn.

5 Wickeln Sie den Zwirn ein paar Mal oben um das Räucherbündel herum.

3 Wickeln Sie den Zwirn unten um das Räucherbündel herum und befestigen Sie ihn mit einem sicheren Knoten. Lassen Sie das Ende des Zwirns lang genug stehen, um den letzten Knoten in Schritt 7 knüpfen zu können. Vergewissern Sie sich, dass der Zwirn so fest angezogen ist, dass alle Stiele fixiert sind.

6 Fahren Sie damit fort, den Zwirn um das Bündel zu wickeln, und arbeiten Sie von oben nach unten in einem Zickzackmuster. Ziehen Sie den Zwirn dabei fest.

7 Befestigen Sie den Zwirn mit einem sicheren Knoten an der Unterseite und schneiden Sie ihn zurecht.

8 Schneiden Sie das Räucherbündel an Ober- und Unterseite mit der Schere zurecht, um eine saubere Kante zu erhalten. Lassen Sie es mindestens zwei Wochen an einem warmen und trockenen Ort ruhen, bevor Sie es anzünden.

KAPITEL 2 KERZEN
in Gefäßen

MATERIAL

Docht

Dochthalter

Klebewachs

Große Muschel

Küchenpapier

Sojawachs

WERKZEUG

Grundausstattung für die
Kerzenherstellung (siehe Seite 11)

Kleine Zange

Holzstäbchen

Schüssel – größer als die Muschel

MUSCHEL-*Kerzen*

Suchen Sie größere Muscheln mit einer weiten Öffnung aus, sodass sie mit viel Wachs gefüllt werden können. Achten Sie darauf, dass sie gerade liegen können, wenn sie angezündet sind, sodass die Wachsoberfläche waagerecht ist, sonst brennt die Kerze nicht gleichmäßig ab und das Wachs kann herauslaufen, wenn es schmilzt.

1 Schneiden Sie ein Stück Docht zu, das ca. 5 cm länger ist als die benötigte Länge am Schluss. Schieben Sie das Ende des Dochts in den Dochthalter und fixieren Sie ihn mit der Zange.

2 Bringen Sie ein kleines Stück Klebewachs in der Muschel an, stecken Sie die Unterseite des Dochthalters darauf und drücken Sie es vorsichtig nach unten, damit es an seinem Platz bleibt.

3 Schneiden Sie ein Stück des Holzstäbchens so zu, dass es über die Muschel gelegt werden kann. Binden Sie den Docht mit einem lockeren Knoten daran, sodass der Docht senkrecht fixiert wird.

4 Füllen Sie die Schüssel mit Küchenpapier. Legen Sie die Muschel darauf und verwenden Sie mehr Küchenpapier, damit sie an Ort und Stelle bleibt. Achten Sie darauf, dass die Muschel gerade liegt, damit das Wachs später über die gesamte Öffnung der Muschel die gleiche Höhe aufweist.

5 Schmelzen Sie das Sojawachs in einem Wasserbad (siehe Seite 12), bis es eine Temperatur von 60 °C erreicht hat. Falls notwendig, mit einem Holzlöffel umrühren, um das Wachs aufzulösen.

6 Gießen Sie das Wachs in die Muschel bis knapp unter den Rand (mit Hilfe einer Kanne, falls Ihr Wasserbad keinen Schnabel zum Ausgießen hat). Mindestens zwei Stunden vollständig aushärten lassen.

7 Schieben Sie das Stäbchen aus dem Knoten und lösen Sie diesen vorsichtig.

8 Schneiden Sie den Docht auf ca. 2 cm zu. Nehmen Sie die Muschel aus der Schüssel.

MATERIAL

Stearin

Paraffinwachs (siehe Seite 12 für Mengenangaben)

Frische Tannenzweige und Beeren

Dicke Glasvase

Kleineres Glas oder Vase

Docht

Dochthalter

Klebewachs

WERKZEUG

Grundausstattung für die Kerzenherstellung (siehe Seite 11)

Pinsel

Kleine Zange

Holzstäbchen

Schere

BEEREN-TANNEN-*Kerze*

Für diese frostig-winterlichen Kerzen werden frische Beeren und Tannenzweige verwendet. Sie heißen Ihre Gäste bei einem festlichen Zusammenkommen an der Haustür perfekt willkommen.

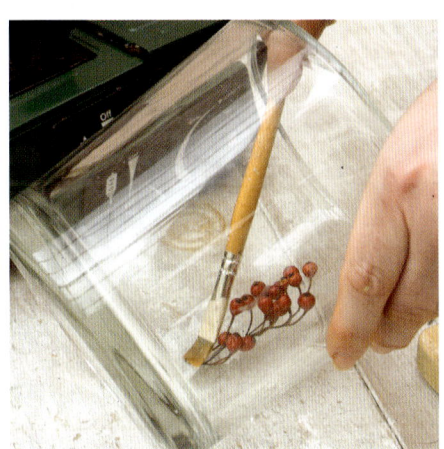

1 Schmelzen Sie das Stearin im Wasserbad (siehe Seite 12). Geben Sie das Paraffinwachs dazu und erhitzen Sie es auf eine Temperatur von 80 °C. Falls notwendig, mit einem Holzlöffel umrühren, um das Wachs aufzulösen.

2 Schneiden Sie kleine Tannenzweige und Beerentrauben zurecht. Streichen Sie mit dem Pinsel ein wenig Wachs auf die Innenseite der Vase, um die Zweige und Beeren innen an die Vase zu kleben. Verwenden Sie dafür nicht zu viel Wachs, nur ein paar Tupfer, um die Pflanzen an Ort und Stelle zu halten.

3 Stellen Sie das kleinere Glas in das größere. Gießen Sie das Wachs vorsichtig zwischen die beiden und achten Sie darauf, nichts zu verschütten. Verwenden Sie eine Kanne, falls Ihr Wasserbad keinen Schnabel zum Ausgießen hat. Abkühlen lassen.

4 Wenn das Wachs hart ist, gießen Sie sehr vorsichtig heißes Wasser in das innere Glas und lassen Sie es für ein paar Sekunden stehen. Das Wachs schmilzt so ein bisschen an, sodass Sie das Glas leicht drehen und herausheben können.

5 Schneiden Sie ein Stück Docht auf die Höhe des Glases mit einer Zugabe von ca. 5 cm zu. Fixieren Sie das Ende mit einer Zange in einem Dochthalter. Kleben Sie ihn mit einem kleinen Stück Klebewachs innen an das Glas und entfernen Sie überschüssiges Wachs ab, um es besser befestigen zu können.

6 Schneiden Sie ein Stück des Holzstäbchens so zu, dass es über dem Rand des Glases zu liegen kommt. Binden Sie den Docht mit einem lockeren Knoten daran fest.

7 Überprüfen Sie die Temperatur des Wachses und erhitzen Sie es, falls notwendig, wieder auf 80 °C. Gießen Sie es in das Glas bis zum Wachsrand und lassen Sie es etwa eine Stunde abkühlen.

8 Das Wachs wird einsinken, erhitzen Sie darum das geschmolzene Wachs erneut im Wasserbad und gießen Sie die Kerze auf, sodass eine glatte Oberfläche entsteht. Nun vollständig abkühlen lassen.

9 Schieben Sie das Stäbchen aus dem Knoten, lösen Sie diesen vorsichtig und schneiden Sie den Docht auf ca. 2 cm zu.

EIERSCHALEN-*Kerzen*

Wählen Sie Eier in Hellblau- und Hellgrüntönen, falls Sie welche bekommen können — sonst nehmen Sie einfach weiße Eier. Mit Moos und Narzissen verziert, eignen sich diese Kerzen als wunderschöne Osterdekoration, die garantiert für Frühlingsgefühle sorgt.

MATERIAL

Hübsche bunte Eier (hellgrün, hellblau, weiß)

Eierkarton

Fertige Dochte mit Dochthaltern

Klebewachs

Küchenpapier

Sojawachs

WERKZEUG

Grundausstattung für die Kerzenherstellung (siehe Seite 11)

Messer

Schüssel

Sturmwäscheklammer

Schere

1 Das Ei mit einem Messer aufschlagen. Versuchen Sie, es weiter oben aufzuschneiden, und achten Sie darauf, einen sauberen Riss ohne zu viele kleinere Einrisse zu erhalten. Das Ei ausleeren, die Schale sorgfältig waschen, trocknen und vorsichtig zurück in den Eierkarton legen.

2 Befestigen Sie Docht und Dochthalter mit einem kleinen Stück Klebewachs am Boden der Eierschale. Sehr vorsichtig andrücken, damit die Schale nicht bricht.

3 Legen Sie ein kleines Stück Papiertuch unter die Eierschale, um es in Position zu halten. Stellen Sie sicher, dass der Docht aufrecht in der Eierschale steht, und befestigen Sie ihn mit einer Sturmwäscheklammer vorsichtig an der Oberseite.

4 Schmelzen Sie ein wenig Sojawachs im Wasserbad (siehe Seite 12), bis die Temperatur 60 °C erreicht hat. Kippen Sie das geschmolzene Wachs in eine Kanne und gießen Sie es dann sehr vorsichtig in die Eierschale. Zielen Sie dabei in die Mitte der Schale und versuchen Sie, Spritzer zu vermeiden.

5 Lassen Sie das Wachs ein paar Stunden aushärten. Entfernen Sie die Sturmwäscheklammer und schneiden Sie den Docht auf 2 cm zu.

HÜBSCHE BUNTE KERZEN *in Glasschälchen*

MATERIAL

Docht

Dochthalter

Klebewachs

Sojawachs (siehe Seite 12 für Mengenangaben)

Färbemittel für Kerzen

WERKZEUG

Grundausstattung für die Kerzenherstellung (siehe Seite 11)

Kleine Zange

Glasschälchen

Schere

Holzstäbchen

Geformte und gepresste Glasschalen sind wunderbare Gefäße für Kerzen. Wenn die Kerze angezündet wird, wird das Licht vom Glas reflektiert, wodurch ein schöner, schimmernder Effekt entsteht. Ich habe dem Sojawachs ein wenig Farbstoff zugegeben, um zarte Pastellfarben zu erhalten.

1 Schneiden Sie ein Stück Docht lang genug zu, sodass es in das Glasschälchen passt, und lassen Sie eine Zugabe von ca. 5 cm stehen. Stecken Sie ihn in einen Dochthalter und fixieren Sie ihn mit einer Zange.

2 Kleben Sie Docht und Dochthalter mit einem kleinen Stück Klebewachs an den Boden der Schale; zum Befestigen fest andrücken.

3 Schneiden Sie ein Stück des Holzstäbchens so zu, dass es am Rand der Schüssel liegen kann. Binden Sie den Docht mit einem lockeren Knoten daran fest, sodass der Docht auch senkrecht fixiert ist.

4 Erhitzen Sie das Sojawachs im Wasserbad (siehe Seite 12), bis es eine Temperatur von 60 °C erreicht hat. Fügen Sie ein kleines Stück Kerzenfarbe hinzu – Sie benötigen nicht viel und können immer noch mehr dazugeben, falls notwendig. Umrühren, um die Farbe zu verteilen. Schlagen Sie auf Seite 12 für Tipps zur Farbverteilung nach.

5 Gießen Sie das Wachs in die Schale und gießen Sie es in langsamem, beständigem Fluss in die Mitte. Verwenden Sie eine Kanne, falls Ihr Wasserbad keinen Schnabel zum Ausgießen hat.

6 Lassen Sie das Wachs ein paar Stunden aushärten. Lösen Sie den Knoten, entfernen Sie das Stäbchen und schneiden Sie den Docht auf ca. 2 cm zu.

MATERIAL

Dochthalter

Docht

Klebewachs

Vintage-Dosen

Sojawachs

WERKZEUG

Grundausstattung für die
Kerzenherstellung (siehe Seite 11)

Kleine Zange

Holzstäbchen

Schere

VINTAGE-DOSEN *mit mehreren Dochten*

Bevor Sie eine Dose mit Wachs füllen, gießen Sie Wasser hinein, um herauszufinden, ob sie wasserdicht ist. Die Dosen werden sehr heiß, wenn sie angezündet werden, weshalb Sie sie unbedingt auf eine Oberfläche stellen sollten, die sie nicht versengen können.

1 Schneiden Sie für eine längliche Dose drei Dochte zu, die lang genug sind, um in die Dose zu passen, und geben Sie ihnen eine Zugabe von ca. 5 cm. Bringen Sie mit Hilfe der Zange an jedem Docht einen Dochthalter an.

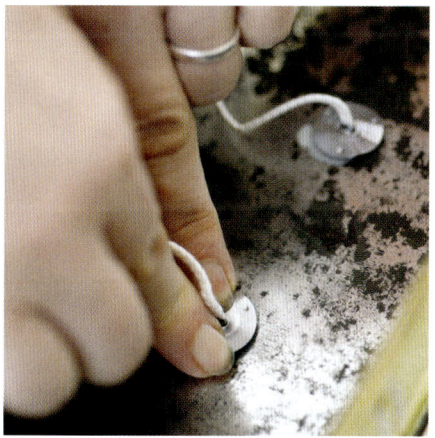

2 Kleben Sie die Dochte mit drei kleinen Stückchen Klebewachs unten an der länglichen Dose in gleichmäßigen Abständen an.

3 Schneiden Sie ein Stück des Holzstäbchens so zu, dass es über dem Rand der Dose zu liegen kommt. Binden Sie die Dochte daran fest und achten Sie darauf, dass sie gespannt sind.

4 Schmelzen Sie das Wachs im Wasserbad (siehe Seite 12), bis es eine Temperatur von 60 °C erreicht hat.

5 Gießen Sie das Wachs erst in die Kanne und dann vorsichtig in die Dose und enden Sie etwa 1 cm unter dem Rand.

6 Vollständig aushärten lassen. Schieben Sie das Stäbchen aus den Knoten und schneiden Sie die Dochte auf ca. 2 cm zurück.

MATERIAL

Docht aus Holz und Dochthalter aus Metall (in der Regel werden sie gemeinsam verkauft)

Klebewachs

Rustikal wirkender Blumentopf (falls Ihr Topf ein Abflussloch hat, verschließen Sie es mit ein bisschen Dichtmasse)

Sojawachs

WERKZEUG

Grundausstattung für die Kerzenherstellung (siehe Seite 11)

Schere

BLUMENTOPFKERZEN *mit hölzernen Dochten*

Hölzerne Dochte lassen Kerzen robuster wirken und bringen noch dazu den Bonus, dass sie fröhlich knisternd brennen. Verwenden Sie Blumentöpfe im rustikalen Look für diese Kerzen, die sich perfekt zum Anzünden im Freien eignen.

1 Schieben Sie das Ende des hölzernen Dochts in den Dochthalter, sodass er senkrecht in die Höhe steht.

2 Fixieren Sie den Dochthalter unten am Blumentopf mit einem kleinen Stück Klebewachs.

3 Geben Sie das Sojawachs in das Wasserbad (siehe Seite 12) und erhitzen Sie es auf eine Temperatur von 60 °C.

4 Gießen Sie das Wachs in die Kanne, gießen Sie es langsam und beständig in den Blumentopf und enden Sie etwa 2 cm unter dem Rand. Mindestens 24 Stunden lang aushärten lassen.

5 Den hölzernen Docht auf ca. 2 cm zurückschneiden.

KAPITEL 3 DUFT-
Kerzen

ZIMT- UND ORANGEN-DUFTKERZEN
im Emaille-Becher

Mit zweckmäßig aussehenden Emaille-Bechern können Sie wunderschöne Kerzen gestalten und dem Wachs mit Zimt- und Orangenduftstoffen ein köstliches Wintergefühl verleihen. Wenn das Wachs geschmolzen ist, werden die Becher heiß, weshalb Sie sie daher auf eine geeignete Oberfläche stellen sollten, um Brandflecken zu vermeiden.

MATERIAL
Docht

Dochthalter

Emaille-Becher

Klebewachs

Sojawachs

Zimt- und Orangenduft

WERKZEUG
Grundausstattung für die Kerzenherstellung (siehe Seite 11)

Schere

Kleine Zange

Holzstäbchen

Teelöffel

1 Schneiden Sie ein Stück Docht mit einer Zugabe von ca. 5 cm auf die Höhe des Bechers zu. Stecken Sie das Ende in einen Dochthalter und verklemmen Sie den Halter mit der Zange, um den Docht zu fixieren.

2 Nehmen Sie ein kleines Stückchen Klebewachs und kleben Sie damit den Dochthalter und den Docht in den Becher. Fest andrücken. Binden Sie das Ende des Dochts um ein kleines Holzstäbchen, sodass der Docht gespannt ist und das Stäbchen am Becherrand zu liegen kommt.

3 Schmelzen Sie das Sojawachs in einem Wasserbad (siehe Seite 12) und erhitzen Sie es auf 60 °C. Geben Sie ein paar Tropfen Orangen- und Zimtduft dazu (siehe Seite 12 für Tipps zur Verwendung von Düften). Rühren Sie den Duft vorsichtig ein.

4 Gießen Sie das Wachs langsam und gleichmäßig in den Becher, sodass es nicht spritzt. Lassen Sie die Kerze vollständig abkühlen.

5 Sollte das Wachs in der Mitte einsinken (in der Regel tut Sojawachs dies nicht), schmelzen Sie ein bisschen mehr Wachs auf dieselbe Weise ein, um die Kerze aufzufüllen. Wenn das Wachs hart ist, ziehen Sie das Stäbchen heraus und knoten Sie den Docht auf. Schneiden Sie ihn auf 2 cm Länge zu.

KERZEN *mit Rosenduft*

MATERIAL

Docht

Gummiformen in Blumenform

Dichtmasse

Pappreste

Vybar (optional) (siehe Seite 9)

Paraffinwachs (achten Sie darauf, dass kein Stearin zugesetzt wurde, da dieses die Gummiformen beschädigen kann)

Kerzenfärbemittel (ich habe Rot, Pink und Schwarz verwendet)

Rosenduft

Spülmittel

WERKZEUG

Grundausstattung für die Kerzenherstellung (siehe Seite 11)

Schere

Dochtnadel

Holzstäbchen

Schüssel

Dieses schöne Blütendesign entsteht mit Hilfe von Gummiformen. Zu mehreren sehen diese Kerzen umwerfend aus. Sie tropfen allerdings, stellen Sie sie daher unbedingt auf geeignete Untersetzer, um Schäden zu verhindern.

1 Schneiden Sie ein Stück Docht um 10 cm länger als die Höhe der Gummiform zu und fädeln Sie die Dochtnadel ein. Schieben Sie die Nadel in der Mitte durch die Form und ziehen Sie ca. 5 cm des Dochts hindurch. Ziehen Sie die Nadel heraus, wenn Sie fertig sind.

2 Bringen Sie ein Stück Dichtmasse außen an der Form um den Docht herum an, um zu verhindern, dass das Wachs durch das Loch sickert.

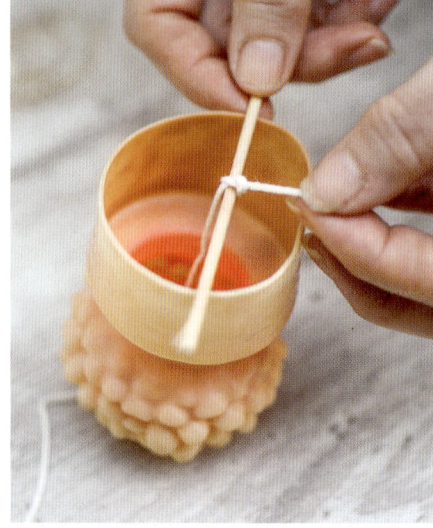

3 Nehmen Sie ein Holzstäbchen und binden Sie das andere Dochtende darum, sodass der Docht gespannt ist.

4 Schneiden Sie einen Kreis aus der Pappe aus, der ungefähr so groß ist wie der kleinste Teil der Gummiform. Schieben Sie die Form hinein, sodass die Pappe wie eine Halskrause sitzt. Legen Sie sie über die Schüssel, sodass das Innere der Form nach oben zeigt.

5 Schmelzen Sie das Paraffinwachs im Wasserbad ein und mengen Sie das Vybar bei, falls Sie es verwenden möchten. Fügen Sie kleine Stückchen Farbe hinzu (siehe Seite 12 für Tipps zum Hinzufügen von Färbemitteln).

6 Überprüfen Sie die Wachstemperatur und erhöhen Sie sie auf 80 °C. Lassen Sie die Temperatur auf 75 °C sinken und fügen Sie den Rosenduft hinzu (siehe Seite 12 für Tipps zur Verwendung von Duftstoffen). Den Duftstoff vorsichtig einrühren.

7 Gießen Sie das Wachs vorsichtig in die Form (verwenden Sie eine Kanne, falls Ihr Wasserbad keinen Schnabel zum Ausgießen hat), bis es die Oberkante des geformten Teils der Form erreicht.

8 Gießen Sie kaltes Wasser in die Schüssel, damit das Wachs abkühlt, und achten Sie dabei darauf, dass das Wasser nicht in das geschmolzene Wachs spritzt.

9 Lassen Sie das Wachs etwa eine Stunde lang aushärten. Sollte es in der Mitte eingesunken sein (bei Paraffinwachs passiert das für gewöhnlich), erhitzen Sie noch ein bisschen Wachs im Wasserbad und gießen Sie es nach.

10 Lassen Sie die Kerze etwa zwei Stunden lang stehen, sodass sich das Wachs hart und kühl anfühlt (wenn es noch warm ist, lassen Sie es noch ein bisschen länger stehen). Entfernen Sie das Holzstäbchen und schneiden Sie den Docht unten an der Kerze zu. Nehmen Sie die Form aus der Schüssel und entfernen Sie die Papp-Halskrause.

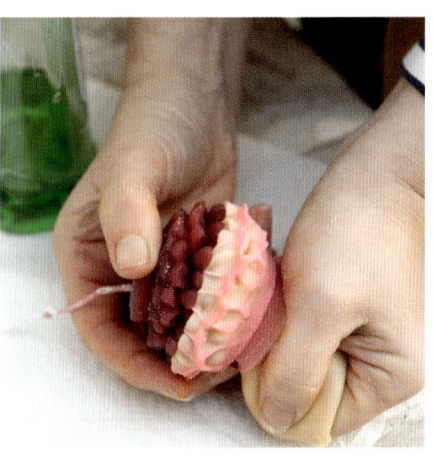

11 Entfernen Sie die Dichtmasse. Um die Kerze aus der Form zu bekommen, geben Sie einen kleinen Spritzer Spülmittel außen auf die Gummiform und rollen Sie sie mit beiden Händen auf, sodass die Kerze zum Vorschein kommt. Das kann ein bisschen kniffelig sein, aber das Spülmittel sollte dabei helfen, die Form loszubekommen. Den Docht auf ca. 2 cm zuschneiden.

LAVENDELKERZEN
in Weckgläsern

Dieses Projekt ist perfekt, wenn Sie Kerzen zum Verschenken herstellen möchten — Einweckgläser können Sie en gros bei Online-Lieferanten oder in Bastelgeschäften kaufen. Für einen ansprechenden Abschluss binden Sie eine Schleife aus Bast oder einem Stoffband um und bringen ein handschriftliches Grußkärtchen an.

MATERIAL

Fertige Dochte und Dochthalter

Weckglas mit Deckel

Klebewachs

Sojawachs

Lavendelduft

Getrockneter Lavendel

WERKZEUG

Grundausstattung für die Kerzenherstellung (siehe Seite 11)

Sturmwäscheklammer

Schere

1 Kleben Sie ein kleines Stück Klebewachs unten an den Dochthalter und kleben Sie ihn mittig in das Glas. Fest andrücken (verwenden Sie das Ende eines Löffels, falls Ihre Hand nicht in das Glas passt)

2 Legen Sie die Sturmwäscheklammer mit dem eingeklemmten Docht auf das Glas. So bleibt der Docht an Ort und Stelle, während das Wachs aushärtet.

3 Geben Sie das Sojawachs in das Wasserbad (siehe Seite 12) und schmelzen Sie es, bis es eine Temperatur von 60 °C erreicht hat. Vom Herd nehmen und auf 55 °C abkühlen lassen. Geben Sie ein paar Tropfen des Lavendeldufts (siehe Seite 12 für Tipps zur Verwendung von Duftstoffen). Den Duftstoff vorsichtig einrühren.

4 Gießen Sie das Wachs in die Kanne und dann in das Glas; enden Sie dabei an der Unterkante des Glashalses.

5 Lassen Sie das Wachs stehen, bis die Oberfläche beginnt, ein bisschen trüb auszusehen (das geschieht nach ca. 10 Minuten). Sojawachs dürfte beim Abkühlen nicht einsinken, aber sollte es doch den Anschein machen, lassen Sie es noch 20 Minuten stehen, schmelzen Sie noch ein wenig Wachs ein und gießen Sie es auf. Streuen Sie Lavendel oben auf die Kerze und entfernen Sie die Sturmwäsche-klammer. Schneiden Sie den Docht auf ca. 2 cm zu und lassen Sie die Kerze über Nacht aushärten.

MATERIAL

Docht

3 kg Bienenwachspastillen

Zitronellaöl

WERKZEUG

Lineal

Schere

Tauchbehälter

Stieltopf

Thermometer

Langes Lineal oder runder Stab (als Trockengestell)

Altpapier oder alte Zeitung

Scharfes Messer

HANDGEZOGENE BIENENWACHSKERZEN
mit Zitronella

Beim Kerzenziehen trocknet Bienenwachs in dickeren Schichten als Paraffinwachs, sodass die Herstellung dieser Kerzen, obwohl sie ziemlich dick sind, nicht zu lange dauert. Zitronellaöl wirkt insektenabweisend, darum sind diese Kerzen perfekt für laue Sommerabende geeignet. Möchten Sie die Kerzen lieber für drinnen haben, lassen Sie den Duft einfach weg.

1 Messen Sie ein Stück Docht ab und schneiden Sie es auf eine Länge von 50 cm zu. Jede Dochtlänge ergibt zwei Kerzen.

2 Füllen Sie das Bienenwachs in den Tauchbehälter und stellen Sie den Tauchbehälter in einen Topf. Erhitzen Sie das Wasser und schmelzen Sie das Bienenwachs auf eine Temperatur von 60 °C.

3 Nehmen Sie den Tauchbehälter vom Feuer und lassen Sie die Temperatur ein wenig sinken. Geben Sie ein paar Tropfen Zitronellaöl in das Wachs und rühren Sie es vorsichtig ein.

4 Stellen Sie das Trockengestell für die Kerzen auf: Legen Sie ein Lineal (oder ein Stück Holz, das mindestens 3 cm breit ist) auf zwei großen Glasgefäßen (oder Ähnlichem) mit einer Höhe von mindestens 25 cm ab. Halten Sie den Docht in der Mitte zwischen Daumen, Zeigefinger und Mittelfinger (wie auf dem Foto gezeigt), tauchen Sie die Enden in das Wachs und stoppen Sie kurz vor Ihren Fingern. Halten Sie den Docht nur ein paar Sekunden und ziehen Sie ihn in einer sanften Bewegung aus dem Wachs.

5 Den getunkten Docht für ein paar Minuten auf das Lineal hängen und den Vorgang dann wiederholen. Legen Sie alte Zeitungen unter, um Tropfen aufzufangen. Hängen Sie die Kerzen wieder für ein paar Minuten auf und fahren Sie auf diese Weise fort, damit sich das Wachs auf den Kerzen aufbauen kann. Wird das geschmolzene Wachs im Tauchbehälter trüb oder klumpig, erhitzen Sie es wieder auf ca. 60 °C und nehmen Sie es zum Kerzenziehen wieder vom Herd. Die hier gezeigten Kerzen wurden etwa zwanzig Mal gezogen, fahren Sie fort, bis Ihre Kerzen die gewünschte Stärke erreicht haben.

6 Schneiden Sie die Kerze an der Unterseite mit einem scharfen Messer ab, um eine flache Unterseite zu erhalten. Ziehen Sie sie ein letztes Mal und hängen Sie sie für ein paar Stunden oder idealerweise über Nacht zum Trocknen auf. Trennen Sie die Kerzen, indem Sie den Docht durchschneiden, und kürzen Sie diesen dann auf ca. 2 cm ein. Lassen Sie die Kerzen ein paar Tage aushärten, bevor Sie sie anzünden.

MATERIAL

Hübsche Teetasse mit Untertasse

Fertiger Docht mit Dochthalter

Klebewachs

Sojawachs

Blaues und rotes Färbemittel

Hyazinthenduft

WERKZEUG

Grundausstattung für die
Kerzenherstellung (siehe Seite 11)

Schere

Sturmwäscheklammer

HYAZINTHENKERZE *in der Teetasse*

Blumenduft und Vintage-Teetassen passen besonders gut zusammen und mit dem Hyazinthenöl, das hier verwendet wird, kreieren Sie eine Kerze, die herrlich duftet und dabei auch noch schön aussieht.

1 Nehmen Sie ein kleines Stück Klebewachs und kleben Sie den Docht samt Halter in die Tasse; fest andrücken.

2 Legen Sie die Sturmwäscheklammer mit dem Docht in der Mitte auf den Tassenrand. Dies hilft, den Docht zu fixieren.

3 Schmelzen Sie das Wachs im Wasserbad (siehe Seite 12), fügen Sie kleine Stücke rote und blaue Farbe hinzu (Sie brauchen nicht viel) und rühren Sie vorsichtig um, um ein helles Lila zu erhalten. Schlagen Sie auf Seite 12 für Tipps für die Zugabe von Farbstoffen nach.

4 Lassen Sie das Wachs eine Temperatur von 60 °C erreichen, dann lassen Sie es ein bisschen abkühlen (auf ca. 55 °C) und fügen den Duft hinzu, den Sie dann einrühren. Schlagen Sie auf Seite 12 die Tipps für die Zugabe von Duftstoffen nach.

5 Gießen Sie das Wachs erst in eine Kanne und dann vorsichtig in die Tasse und achten Sie darauf, nichts zu verschütten.

6 Lassen Sie das Wachs aushärten. Sollte es einsinken, schmelzen Sie noch ein bisschen Wachs, gießen Sie es darüber und lassen Sie es erneut aushärten. Entfernen Sie die Sturmwäscheklammer und schneiden Sie den Docht auf eine Länge von ca. 2 cm zu.

MATERIAL

Fertige Dochte und Dochthalter

Kleine Blechdosen

Klebewachs

Sojawachs

Duftstoffe (ich habe Geranie und
Verbene verwendet)

WERKZEUG

Grundausstattung für die
Kerzenherstellung (siehe Seite 11)

Schere

Sturmwäscheklammer

DUFTKERZEN *in Blechdosen*

Das ist die hübschere Version von Teelichtern. Wenn Sie sie einzeln (oder als Geschenk) verwenden, fügen Sie viele Duftstoffe hinzu, damit sie einen starken Duft verströmen, verwenden Sie jedoch weniger, wenn Sie die Kerzen gemeinsam aufstellen möchten, damit ihr Geruch nicht zu überwältigend wird.

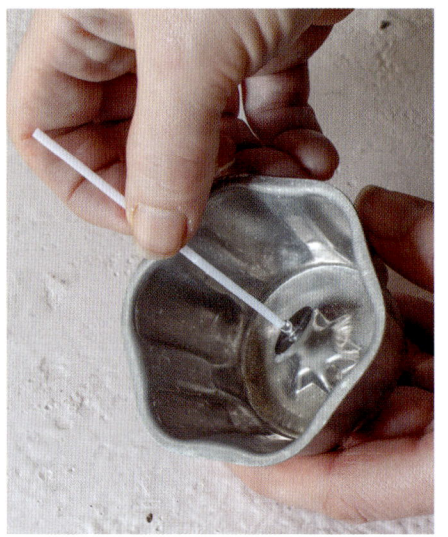

1 Nehmen Sie ein kleines Stück Klebewachs und kleben Sie es unten an den Dochthalter. Befestigen Sie den Halter innen in der Dose und drücken ihn fest an, um ihn zu fixieren.

2 Bringen Sie das Sojawachs im Wasserbad zum Schmelzen (siehe Seite 12). Überprüfen Sie die Temperatur mit dem Thermometer und stellen Sie die Hitze bei 60 °C ab. Lassen Sie das Wachs auf 55 °C abkühlen und geben Sie ein paar Tropfen jedes Dufts hinzu. Siehe Seite 12 für Tipps zur Verwendung von Duftstoffen.

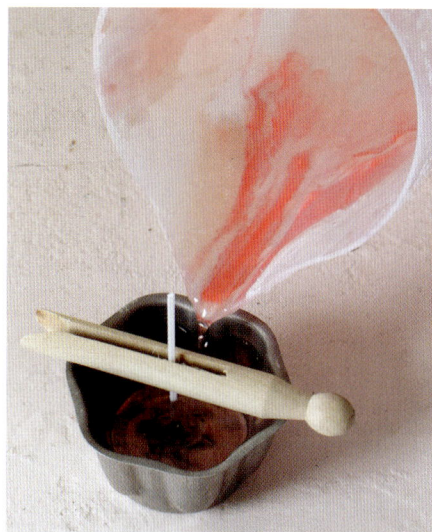

3 Legen Sie die Sturmwäscheklammer mit eingeklemmtem Docht mittig über den Rand der Dose. So wird der Docht fixiert. Gießen Sie das Wachs erst in die Kanne und dann in die Dose und enden Sie knapp unter dem Rand.

4 Lassen Sie das Wachs mindestens zwei Stunden lang abkühlen, dann entfernen Sie die Sturmwäscheklammer und schneiden Sie den Docht auf ca. 2 cm zu.

KAPITEL 4 SELBSTGEMACHTE *Kerzen*

GEZOGENE KERZEN *in Herbstfarben*

MATERIAL

Docht

3 kg Paraffinwachs

Färbemittel (ich habe Rot, Orange und Gelb verwendet)

WERKZEUG

Gartenstäbe und zwei Stühle (als Gestell zum Trocknen)

Altpapier oder alte Zeitung

Schere

Lineal

30-cm-Tauchbehälter

Großer Topf

Holzlöffel

Weißer Teller

Thermometer

Scharfes Messer und Schneidbrett

Kerzenziehen kann einen ziemlich süchtig machen. Die Dochte wieder und wieder einzutauchen und so die Kerzen vor Ihren Augen wachsen zu sehen, ist ein magischer Prozess, der wunderschön unperfekte Kerzen mit Selbermachercharakter hervorbringt.

1 Richten Sie einen Ort zum Trocknen der Kerzen ein, bevor Sie beginnen. Über zwei Stühle gelegte Gartenstäbe bilden ein effektives Gestell zum Trocknen. Legen Sie eine alte Zeitung darunter, um Tropfen aufzufangen.

2 Um 25 cm lange Kerzen zu ziehen, schneiden Sie einen Docht von 60 cm zu. Jede Dochtlänge ergibt zwei Kerzen.

3 Stellen Sie den Tauchbehälter in den Topf, gießen Sie Wasser hinein und erhitzen Sie ihn. Geben Sie das Paraffinwachs in den Tauchbehälter und schmelzen Sie es ein, dabei geben Sie eine kleine Menge Farbe hinzu (siehe Seite 12 für Tipps für die Zugabe von Färbemitteln). Löffeln Sie ein bisschen Wachs auf einen weißen Teller und lassen Sie es trocknen. Auch wenn Sie so nicht die Intensität der Farbe bei der Fertigstellung erkennen können, ist es doch eine Hilfe zu entscheiden, ob mehr Farbe hinzugefügt werden sollte.

4 Erhitzen Sie das Wachs auf 80 °C. Stellen Sie den Herd ab und lassen Sie das Wachs auf ca. 70 °C abkühlen. Wenn es zu heiß ist, schmilzt es die Wachsschichten, die bereits auf dem Docht haften, beim Kerzenziehen wieder ab. Halten Sie den Docht zwischen Daumen, Zeige- und Mittelfinger und tunken Sie die Enden des Dochts in das Wachs, enden Sie dabei kurz vor Ihren Fingern. Halten Sie ihn für ein paar Sekunden fest und ziehen Sie ihn dann in einer fließenden Bewegung aus dem Wachs.

5 Hängen Sie den gezogenen Docht über die Gartenstäbe und lassen Sie ihn ein paar Minuten aushärten.

6 Fahren Sie mit dem Kerzenziehen auf diese Weise fort, bis sich das Wachs aufbaut. Sollte das geschmolzene Wachs im Tauchbehälter trüb oder klumpig werden, erhitzen Sie es wieder auf ca. 70 °C und fahren Sie dann mit dem Kerzenziehen weiter fort.

7 Die hier gezeigten Kerzen wurden etwa zwanzig Mal gezogen, fahren Sie einfach fort, bis Ihre Kerzen die gewünschte Stärke erreicht haben. Wenn Sie mit dem Ziehen fertig sind, lassen Sie die Kerzen an den Stäben für einige Stunden trocknen, dann schneiden Sie den Docht durch, um die Kerzen voneinander zu trennen. Um einen Schwung verschieden gefärbter Kerzen herzustellen, beginnen Sie mit einer helleren Wachsfarbe, machen ein paar Kerzen, geben dann mehr Farbe hinzu und wiederholen den Vorgang.

MATERIAL

Bienenwachsblätter

Docht

WERKZEUG

Schneidmatte oder Altpapier

Lineal aus Metall

Teppichmesser

Schere

Föhn (optional)

GEROLLTE BIENENWACHS-*Kerzen*

Diese schönen Kerzen lassen sich so leicht herstellen, dass Sie sie nie wieder kaufen wollen. Bienenwachsblätter bekommen Sie beim Kerzenbedarf in den verschiedensten Farben, aber ich liebe sie so honigfarben wie hier.

1 Legen Sie das Bienenwachsblatt auf die Schneidmatte oder das Altpapier. Messen Sie 4 cm in der unteren rechten Ecke ab und machen Sie einen kleinen Schnitt mit ihrem Teppichmesser, um die Stelle zu markieren. Legen Sie das Lineal auf das Wachs und schneiden Sie das Wachs von der Markierung bis zur oberen rechten Ecke, um ein Dreieck von der langen Kante zu entfernen. Wenn es eingerollt wird, wird diese Seite die Oberseite Ihrer Kerze, wodurch eine Kegelform entsteht.

2 Schneiden Sie ein Stück Docht zu, das 3 cm länger ist als das Wachs, und legen Sie es längs entlang der längeren Kante des Wachses.

3 Wenn es in Ihrem Raum warm ist, ist Ihr Wachsblatt wahrscheinlich weich genug, um sich rollen zu lassen. Befinden Sie sich jedoch an einem kalten Ort, müssen Sie das Wachsblatt vielleicht mit einem Föhn ein paar Sekunden erwärmen, damit es weicher wird. Beginnen Sie damit, das Blatt um den Docht zu rollen, und achten Sie dabei darauf, dass Sie es leicht andrücken, damit der Docht an seinem Platz bleibt.

4 Fahren Sie damit fort, das Wachs aufzurollen, und achten Sie darauf, dass die Unterseite flach bleibt und die Rolle recht fest wird.

5 Drücken Sie den Rand des Blatts vorsichtig mit Ihrem Finger fest, um das Wachs feinsäuberlich zu versiegeln.

6 Schneiden Sie den Docht unten von der Kerze ab, dann schneiden Sie ihn oben auf ca. 2 cm zu.

MATERIAL

Docht

3 kg Paraffinwachs

Wachsfarbe (Creme)

WERKZEUG

Schere

Lineal

30-cm-Tauchbehälter

Großer Topf

Thermometer

Holzlöffel

Gartenstäbe und zwei Stühle (als Gestell zum Trocknen)

Altpapier oder alte Zeitung

Nudelholz

GEDREHTE *Kerzen*

Die Drehung verleiht einfachen gezogenen Kerzen das gewisse Etwas und sie ist viel einfacher zu machen, als es aussieht. Nachdem ich einfarbige Kerzen gezogen hatte, habe ich sie einfach von oben nach unten gedreht, als das Wachs noch warm war, um ungewöhnliche Formen mit eleganter Schönheit zu kreieren.

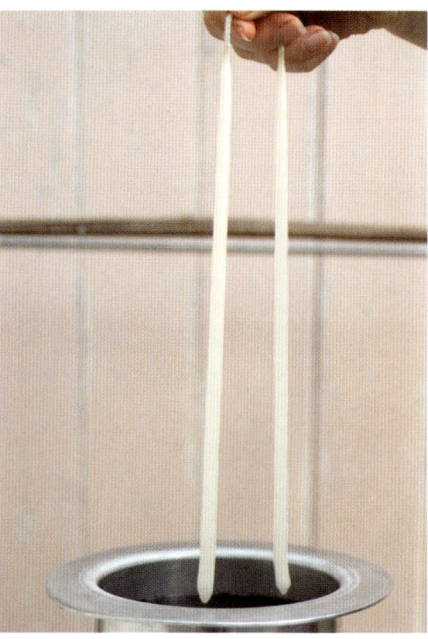

1 Um 25 cm lange Kerzen herzustellen, schneiden Sie ein Stück Docht mit einer Gesamtlänge von 60 cm zu. Jede Dochtlänge ergibt zwei Kerzen.

2 Geben Sie das Wachs in den Tauchbehälter und stellen Sie diesen in den mit Wasser gefüllten Topf. Erhitzen Sie ihn, bis das Wachs schmilzt und eine Temperatur von 80 °C erreicht ist. Geben Sie ein kleines Stück Cremefarbe hinzu oder lassen Sie das Wachs so, wenn Sie weiße Kerzen haben möchten (siehe Seite 12 für Tipps für die Zugabe von Färbemitteln). Vorsichtig umrühren, um die Farbe zu verteilen, und den Herd ausschalten.

3 Richten Sie einen Ort zum Trocknen der Kerzen ein, bevor Sie beginnen. Über zwei Stühle gelegte Gartenstäbe bilden ein praktisches Gestell zum Trocknen. Legen Sie eine alte Zeitung darunter, um Tropfen aufzufangen. Halten Sie den Docht zwischen Daumen, Zeige- und Mittelfinger und tunken Sie die Enden des Dochts in das Wachs, enden Sie dabei kurz vor Ihren Fingern. Halten Sie ihn für ein paar Sekunden fest und ziehen Sie ihn dann in einer fließenden Bewegung aus dem Wachs. Hängen Sie die entstehenden Kerzen für ein paar Minuten über die Stangen. Sollte der Docht geknickt sein, glätten Sie ihn einfach mit Ihren Fingern, während das Wachs trocknet.

4 Tauchen Sie den Docht immer wieder ein, um die Wachsschichten aufzubauen. Achten Sie darauf, dass Sie die Kerzen zwischen jedem Tauchvorgang einige Minuten ruhen lassen, damit das Wachs von Schicht zu Schicht genug Zeit zum Festwerden hat. Sollte das geschmolzene Wachs im Tauchbehälter trüb oder klumpig werden, erhitzen Sie es wieder auf ca. 80 °C.

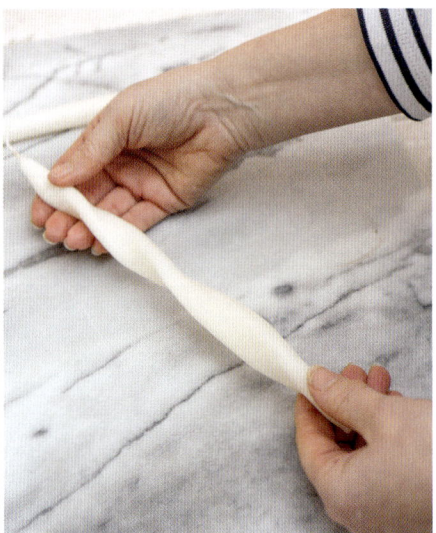

5 Die hier gezeigten Kerzen wurden etwa zwanzig Mal gezogen, fahren Sie einfach fort, bis Ihre Kerzen die gewünschte Stärke erreicht haben.

6 Wenn Sie mit dem Kerzenziehen fertig sind, lassen Sie die Kerzen zwei Minuten lang trocknen, dann schneiden Sie den Docht auseinander, um die Kerzen voneinander zu trennen. Legen Sie eine Kerze auf eine saubere und trockene Oberfläche und verwenden Sie das Nudelholz, um sie leicht zu plätten; die Kerzenunterseite aber rund lassen.

7 Halten Sie die Spitze Ihrer Kerze in Ihrer rechten Hand und das untere Ende in Ihrer linken Hand und drehen Sie die Kerze vorsichtig, um gleichmäßige Drehungen zu erhalten. Arbeiten Sie zügig, da das Wachs zu brechen beginnt, wenn es abkühlt. Den Vorgang mit der zweiten Kerze wiederholen und für einige Stunden trocknen lassen.

GEFÄRBTE *Stumpenkerzen*

Plastikformen sind leicht zu verwenden, und wenn Sie gut auf sie Acht geben, halten sie für lange Zeit. Vermeiden Sie ätherische Öle, wenn Sie mit Plastikformen arbeiten, da sie das Material angreifen können.

MATERIAL

Docht

Dichtmasse

Stearin

Paraffinwachs

Färbemittel (ich habe Pink, Orange, Grün, Seegrün und Blau verwendet)

WERKZEUG

Grundausstattung für die Kerzenherstellung (siehe Seite 11)

Plastikform für Stumpenkerzen

Holzstäbchen

Schere

Großes Weckglas

Gewicht (Stein oder Gefäß)

1 Führen Sie den Docht durch das Loch unten in der Form von außen nach innen, ziehen Sie es bis nach oben durch und binden Sie dieses Dochtende an ein kleines Holzstäbchen, das lang genug ist, um über der Form liegen zu können.

2 Ziehen Sie das untere Dochtende solang aus der Form, bis es gespannt ist, und bringen Sie an dem Loch und dem Docht ein Stück Dichtmasse an. Schneiden Sie den Docht auf eine Länge von ca. 4 cm zurück. Drücken Sie die Dichtmasse rund um das Loch fest, damit es vollständig abgedichtet ist.

3 Geben Sie das Paraffinwachs mit dem Stearin in das Wasserbad und schmelzen Sie es auf eine Temperatur von 80 °C. Bei Wachs mit Temperaturen über 80 °C kann die Form springen.

4 Fügen Sie dem Wasserbad die Farbe hinzu (siehe Seite 12 für Tipps zur Verwendung von Färbemitteln). Rühren Sie die Farbe gut ein. Den Herd ausschalten.

5 Gießen Sie das Wachs zuerst in die Kanne und dann vorsichtig in die Form. Sie können die Form bis fast unter den Rand füllen oder auch weniger Wachs verwenden, wenn Sie eine kürzere Kerze haben möchten. Behalten Sie ein bisschen geschmolzenes Wachs zurück, damit Sie die Kerze auffüllen können, wenn sie aushärtet.

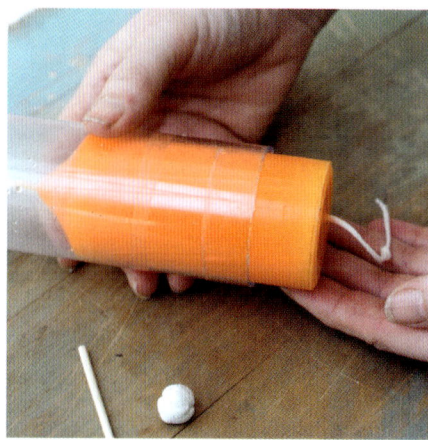

6 Stellen Sie die Form vorsichtig in das große Gefäß. Richten Sie ein Gewicht auf der Form aus und gießen Sie bis zum oberen Rand des Wachses Wasser in das Gefäß. Achten Sie darauf, dass kein Wasser in die Form gelangt. Dieser Vorgang beschleunigt die Abkühlzeit und verleiht Ihrer Kerze eine glänzendere Oberfläche.

7 Hat die Kerze mindestens eine Stunde geruht, ist das Wachs in der Mitte eingesunken. Nehmen Sie die Form aus dem Glas. Erhitzen Sie das übriggebliebene Wachs und gießen Sie es mit Hilfe der Kanne auf, damit die Kerze eine flache Oberseite hat (dies ist der Boden der Kerze, wenn sie aus der Form genommen wird).

8 Lassen Sie das Wachs einige Stunden ruhen. Um die Kerze aus der Form zu bekommen, entfernen Sie den Spieß vom einen Ende und die Formdichtung vom anderen Ende der Form. Wenn Sie die Form umdrehen, sollte die Kerze herausgleiten. Ist dies nicht der Fall, stellen Sie sie eine halbe Stunde in den Kühlschrank und versuchen Sie es erneut. Schneiden Sie den Docht an beiden Enden der Kerze zu und lassen Sie ihn oben etwa 2 cm lang stehen.

MATERIAL

Docht

Bienenwachspastillen oder -blöcke

WERKZEUG

Schere

Lineal

Saubere und trockene Dose

Topf

Holzlöffel

Thermometer

Stäbchen aus Holz oder Metall und ein leerer Blumentopf zum Trocknen der Kerzen

Hitzebeständige Handschuhe

Scharfes Messer

HANDGEZOGENE
Geburtstagskerzen

Diese kleinen Kerzen sind überraschend schnell hergestellt und verleihen der Geburtstagstorte eine persönliche Note. Mit Bienenwachs sorgen Sie für ein zartes Erscheinungsbild, mit Paraffinwachs und kräftigen Farben gestalten Sie buntere Themen.

1 Schneiden Sie mehrere Dochtstücke auf 25 cm zu. Jede Dochtlänge ergibt zwei Kerzen.

2 Füllen Sie die Dose mit Bienenwachs und stellen Sie sie in den Topf, der bis auf halbe Dosenhöhe mit Wasser gefüllt ist. Erhitzen Sie das Wasser und schmelzen Sie das Wachs, das Sie immer wieder mit festem Wachs auffüllen, bis die Dose mit geschmolzenem Wachs voll ist. Wenn die Temperatur 60 °C erreicht hat, schalten Sie den Herd aus. Nehmen Sie die Dose mit hitzebeständigen Handschuhen vorsichtig aus dem Topf und passen Sie auf, dass Sie kein Wachs verschütten. Stellen Sie die Dose auf einem Schneidbrett ab.

3 Stellen Sie ein Trockengestell auf, indem Sie ein Holzstäbchen über einen leeren Blumentopf (mindestens 15 cm hoch) legen. Halten Sie einen zugeschnittenen Docht in der Mitte zwischen Daumen und Zeigefinger, tauchen Sie die Enden des Dochts in das Wachs und halten Sie kurz vor den Fingern inne. Ein paar Sekunden verweilen und dann in einer fließenden Bewegung aus dem Wachs ziehen.

4 Sollten Sie Knicke im Docht vorfinden, streichen Sie sie einfach mit Ihren Fingern glatt, während das Wachs trocknet. Hängen Sie den Docht für ein paar Minuten über das Stäbchen. Tauchen Sie die Dochte erneut in das Wachs und hängen Sie sie dann wieder für ein paar Minuten zum Trocknen auf.

5 Tauchen Sie die Dochte insgesamt etwa fünf Mal in das Wachs und lassen Sie sie nach jedem Tauchgang trocknen. Die Böden der Kerzen werden ein wenig unförmig, weshalb Sie die Unterseiten zum Glätten mit einem scharfen Messer abschneiden sollten, wenn Sie mit dem Eintauchen fertig sind. Über Nacht trocknen lassen, dann die Dochte auseinanderschneiden, um die Kerzen voneinander zu trennen. Die Dochte auf eine Länge von 1 cm zuschneiden.

BLOCK-*Kerzen*

Diese modernen Blockkerzen werden mithilfe von Getränkekartons gemacht, die sich sehr leicht entfernen lassen, weil sie einfach heruntergerissen werden. Das Innere der Kartons verleiht den Kerzen eine attraktive matte Oberfläche.

MATERIAL

Leerer Getränkekarton

Dicke Pappe

Klebeband

Docht

Dochthalter

Klebewachs

Paraffinwachs

Färbemittel (ich habe Pink, Violett und Grau verwendet)

WERKZEUG

Grundausstattung für die Kerzenherstellung (siehe Seite 11)

Schere

Kleine Zange

Holzstäbchen

1 Schneiden Sie mit der Schere die Oberseite des Getränkekartons ab. Das Innere des Kartons waschen und trocknen. Falten Sie die Pappe um den Karton und kleben Sie sie fest, um zu verhindern, dass sich die Seiten des Kartons verbiegen. Sie hilft, den Kerzenquader in Form zu halten.

2 Schneiden Sie den Docht auf die Kartonlänge plus 5 cm zu. Befestigen Sie einen Dochthalter mit der kleinen Zange an einem Ende des Dochts. Nehmen Sie ein kleines Stück Klebewachs und kleben Sie damit den Dochthalter und den Docht auf den Kartonboden.

3 Schneiden Sie ein Stück des Holzstäbchens etwas länger als die Breite des Getränkekartons zu und legen Sie es darauf. Binden Sie den Docht daran, damit dieser gespannt bleibt.

4 Bringen Sie das Wachs im Wasserbad zum Schmelzen, bis es eine Temperatur von 80 °C erreicht hat.

5 Fügen Sie die Farbe in kleinen Mengen hinzu und rühren Sie gut um, damit sie sich unter das Wachs mischt.

6 Gießen Sie das Wachs erst in die Kanne und dann bis zur gewünschten Höhe in den Getränkekarton.

7 Überprüfen Sie nach etwa einer Stunde, ob die Kerze eingesunken ist (Paraffinwachs tendiert dazu), erhitzen Sie das übriggebliebene Wachs und gießen Sie es auf, damit die Kerze eine glatte Oberseite bekommt.

8 Lassen Sie die Kerze einige Stunden abkühlen und entfernen Sie dann das Holzstäbchen. Reißen Sie den Karton vorsichtig herunter, um die Kerze freizulegen. Den Docht auf eine Länge von ca. 2 cm zuschneiden.

MATERIAL

Weiße Kerzen (entweder gekauft oder selbstgemacht – siehe Seite 78)

Marmorierfarben, für Kerzen geeignet

WERKZEUG

Plastiktüte

Großer Eimer (achten Sie darauf, dass er so tief ist wie die Kerzen lang)

Kanne

Alte Zeitung

Schutzhandschuhe

Holzstäbchen

Küchenpapier

Kerzenständer

MARMORIERTE *Kerzen*

Diese wunderschönen Kerzen sind kinderleicht herzustellen. Marmorierfarben gibt es online oder im Bastelgeschäft, achten Sie aber vor dem Kauf darauf, dass sie für Kerzen geeignet sind!

1 Wenn Sie Ihre Kerzen selbst herstellen, folgen Sie Schritt 1–5 auf den Seiten 78–80, ohne die Kerzen zu färben. Öffnen Sie die Plastiktüte, legen Sie sie in den Eimer und ziehen Sie sie über den Rand. So bleibt der Eimer sauber.

2 Füllen Sie die Tüte mit kaltem Wasser bis knapp unter den Eimerrand. Decken Sie Ihre Arbeitsfläche mit Zeitungspapier ab. Außerdem sollten Sie eine Mülltüte zur Hand haben.

3 Tragen Sie Schutzhandschuhe, nehmen Sie die schwarze Farbe und schütteln Sie die Flasche. Entfernen Sie den Deckel und träufeln Sie ein paar Tropfen Farbe auf das Wasser.

4 Schütteln Sie die Flasche mit der weißen Farbe und geben Sie einige Tropfen auf das Wasser.

5 Rühren Sie die Farben mit dem Holzstäbchen vorsichtig in Kreisbewegungen zusammen. Wenn Sie sie stark vermischen, erhalten Sie eine feinere Marmorierung, wenn Sie mehrere Kerzen machen, können Sie auch herumexperimentieren.

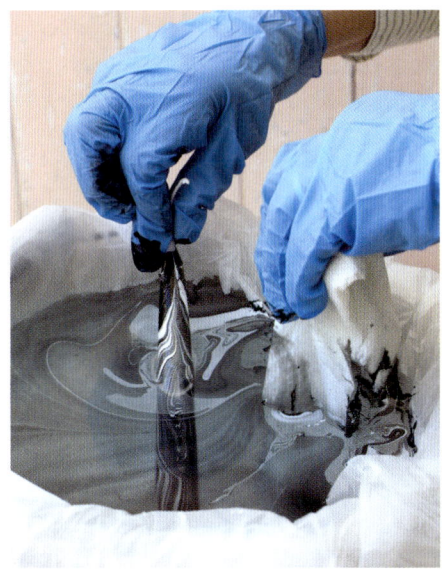

6 Halten Sie ein Stück Küchenpapier in der einen und eine Kerze in der anderen Hand, sodass der Docht zwischen Daumen und Zeigefinger liegt. Tauchen Sie die Kerze für ein paar Sekunden in den Eimer.

7 Mit der immer noch unter Wasser gehaltenen Kerze die Farbe mit dem Küchenpapier von der Wasserober-fläche wegwischen. Tun Sie dies nicht, erhält die Kerze eine zweite Farb-schicht mit weniger klaren Umrissen.

8 Nehmen Sie die Kerze aus dem Wasser. Halten Sie sie etwa 30 Sekunden über den Eimer, damit sie ein wenig abtropfen kann und stellen Sie sie dann in den Kerzenständer, um sie vollständig trocknen zu lassen. Wischen Sie etwaige Farbreste mit einem Küchenpapier von der Wasseroberfläche. Marmorieren Sie mehr Kerzen auf dieselbe Art und achten Sie darauf, dass die Wasserober-fläche zwischen den einzelnen Tauchvorgängen sauber ist. Lassen Sie die Kerzen über Nacht trocknen, bevor Sie sie anzünden.

KAPITEL 5 ARBEIT MIT *Formen*

BUNTE KERZEN *in Tränenform*

MATERIAL

Docht

Dichtmasse

Tonpapier-/Zeichenkartonreste

Großes Einmachglas

Vybar (optional) (siehe Seite 9)

Paraffinwachs (achten Sie darauf, dass kein Stearin zugesetzt ist, da dieses die Gummiform beschädigen kann)

Färbemittel (ich habe Gelb, Pink, Orange und Rot verwendet)

Spülmittel

WERKZEUG

Grundausstattung für die Kerzenherstellung (siehe Seite 11)

Schere

Dochtnadel

Gummiform

Holzstäbchen

Gummiformen gibt es in einer riesigen Bandbreite an unterschiedlichen Formen – diese tränenförmigen Kerzen wurden mit Formen in drei verschiedenen Größen mit Paraffinwachs in Zitrusfarben hergestellt. Das Abnehmen der Formen kann kniffelig sein, aber ein bisschen Spülmittel hilft dabei, Schäden zu verhindern, sodass sie mehrmals verwendet werden können.

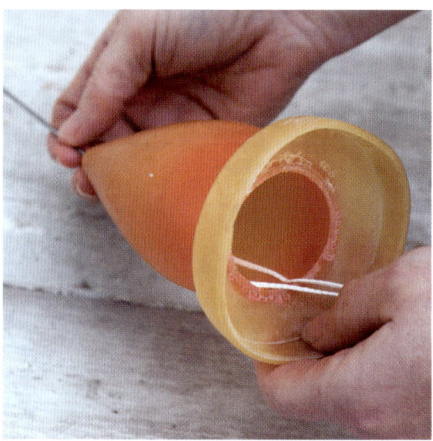 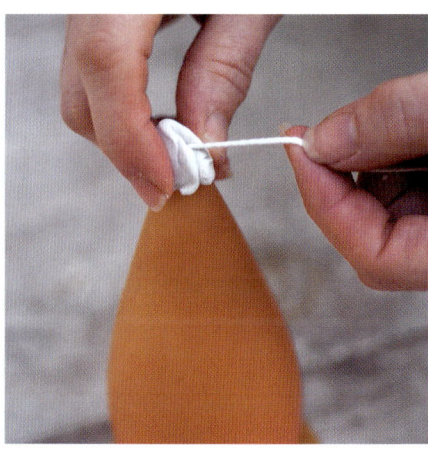

1 Schneiden Sie ein Stück Docht etwa 10 cm länger als die Höhe der Gummiform zu und fädeln Sie es in die Dochtnadel. Schieben Sie die Nadel mittig oben durch die Form und ziehen Sie sie einige Zentimeter durch, dann die Nadel entfernen.

2 Geben Sie ein Stück Dichtmasse um den Docht an der Außenseite der Form, um zu verhindern, dass geschmolzenes Wachs durch das Loch sickert.

3 Nehmen Sie ein Stück eines Holzstäbchens und binden Sie das untere Ende des Dochts daran, sodass dieser gespannt ist.

4 Schneiden Sie einen Kreis in etwa der Größe des unteren Teils der Gummiform aus dem Zeichenkarton aus (wie im oben gezeigten Foto), schieben Sie die Form hinein, sodass der Pappzirkel wie ein Kragen darum liegt, und legen Sie es über das Weckglas, sodass die Innenseite der Form nach oben zeigt.

5 Schmelzen Sie das Paraffinwachs im Wasserbad und geben Sie – falls Sie es verwenden – das Vybar hinzu. Fügen Sie kleine Mengen der Farbe hinzu (siehe Seite 12 für Tipps zum Hinzufügen von Färbemitteln.)

6 Erhitzen Sie das Wachs auf 80 °C. Gießen Sie das Wachs mit einer Kanne vorsichtig in die Form, bis es die Oberkante des geformten Teils der Form erreicht.

7 Gießen Sie kaltes Wasser in das Weckglas, damit das Wachs schneller abkühlt, und achten Sie unbedingt darauf, dass das Wasser nicht in das geschmolzene Wachs tropft.

8 Lassen Sie das Wachs etwa eine Stunde aushärten und gießen Sie einen wieder erhitzten Rest nach, falls das Wachs in der Mitte eingesunken ist (Paraffinwachs neigt dazu).

9 Ein paar Stunden stehenlassen, bis sich das Wachs hart und kühl anfühlt (wenn es sich noch warm anfühlt, lassen Sie es noch eine Weile stehen). Entfernen Sie das Holzstäbchen, schneiden Sie den Docht an der Unterseite der Kerze zu und nehmen Sie die Form aus dem Glas. Entfernen sie die Halskrause aus Pappe.

10 Nehmen Sie die Dichtmasse ab, spritzen Sie ein bisschen Spülmittel außen auf die Gummiform und rollen Sie sie mit beiden Händen nach hinten über sich selbst, damit die Kerze zum Vorschein kommt. Das kann kniffelig sein, aber das Spülmittel sollte helfen, die Form zu lösen. Schneiden Sie den Docht auf ca. 2 cm zu.

MATERIAL

20 g Stearin

70 g Sojawachs

200 g Paraffinwachs

Fertige Dochte und Dochthalter,
10 cm lang

WERKZEUG

Grundausstattung für die
Kerzenherstellung (siehe Seite 11)

3 Briochebackformen aus Metall (7 cm,
7,5 cm und 10 cm im Durchmesser)

Becher

Metallahle

Pinsel

Schere

BÄUME AUS *Briocheformen*

Briochebackformen aus Metall mit niedlichen Rillen sind ideal für Kerzen geeignet. Verschieden große Formen erzeugen einen Stufeneffekt, der diese entzückenden Bäume ausmacht, die sich perfekt als Weihnachtsdekoration eignen. Weißes Wachs wirkt einfach und klassisch und arrangiert auf einem Silbertablett, das das Licht reflektiert, entsteht eine hübsche funkelnde Optik.

1 Schmelzen Sie das Stearin im Wasserbad, fügen Sie dann das Sojawachs und das Paraffinwachs hinzu und lassen Sie es schmelzen. Erhitzen Sie die Mischung auf etwa 70 °C.

2 Gießen Sie das geschmolzene Wachs in eine Kanne. Gießen Sie das Wachs in einem dünnen Strahl sehr vorsichtig in die Briocheformen, um nichts zu verschütten. Lassen Sie das Wachs etwa eine Stunde stehen.

3 Erhitzen Sie das Wachs erneut und gießen Sie die Formen auf, falls das Wachs eingesunken ist (Paraffinwachs tut dies für gewöhnlich), sodass die Oberfläche wieder glatt ist. Lassen Sie das Wachs einige Stunden aushärten.

4 Nehmen Sie die Wachsfiguren aus den Formen (sie lösen sich sehr leicht, achten Sie daher darauf, dass sie nicht herausfallen und absplittern, wenn Sie die Formen umdrehen). Füllen Sie den Becher mit heißem Wasser und halten Sie das spitze Ende der Ahle hinein, um es anzuwärmen. Stechen Sie dann ein Loch in die Mitte einer jeden Wachsfigur. Vielleicht müssen Sie die Ahle zwischen den einzelnen Arbeitsschritten wieder ins heiße Wasser stecken. Schieben Sie die Spitze vorsichtig durch das Wachs und drehen Sie sie ein wenig, damit sie durchgeht.

5 Nehmen Sie die größte Wachsform und schieben Sie den Docht von der flachen Unterseite aus durch das Loch, sodass der Dochthalter flach an der Unterseite der Form zu liegen kommt.

6 Fädeln Sie die mittelgroße Wachsform auf den Docht, tupfen Sie ein wenig geschmolzenes Wachs zwischen die Formen, drücken Sie die obere Form für einige Sekunden fest auf die untere Form, um die beiden aneinanderzukleben. Haften sie nicht aneinander, wiederholen Sie diesen Vorgang.

7 Fädeln Sie den Docht durch die kleinste Form und verbinden Sie sie mit der mittelgroßen wie zuvor mit geschmolzenem Wachs. Tupfen Sie ein bisschen Wachs oben um den Docht herum auf, um etwaige Lücken zu schließen.

8 Schneiden Sie den Docht auf ca. 2 cm zu.

MATERIAL

Sand (am besten ungefärbt oder in Naturfarben)

Paraffinwachs

Färbemittel (ich habe Pink, Orange und Gelb verwendet)

Gewachste Dochte

WERKZEUG

Eimer

Geformtes Wasserglas

Löffel aus Metall

Pinsel

SAND-*Kerzen*

Sandkerzen sind eine brillante Art, Kerzen ohne Formen herzustellen. Stecken Sie einfach ein Glas oder eine kleine Vase in feuchten Sand, um eine Form zu gestalten, und füllen Sie sie mit geschmolzenem Wachs auf, um Kerzen mit Textur herzustellen.

1 Füllen Sie den Sand in den Eimer oder in eine Wanne und drücken Sie ihn mit den Handflächen zusammen, um eventuelle Lufteinschlüsse zu beseitigen. Befeuchten Sie den Sand, wenn er zu trocken ist. Schaufeln Sie etwas Sand zur Seite und stecken Sie das Glas in den Eimer. Mit dem Löffel den Sand am Rand des Glases glattstreichen.

2 Drücken Sie mit den Fingern gegen die Innenseite des Glases und ziehen Sie es aus dem Sand heraus, ohne den Sand zu verändern.

3 Geben Sie das Wachs in das Wasserbad, schmelzen Sie es und erhitzen Sie es auf 80 °C. Kleine Farbstücke hinzufügen, dabei die Farbe recht hell halten (siehe Seite 12) und vorsichtig umrühren.

4 Gießen Sie das Wachs in die Kanne und dann über den umgedrehten Löffel in das Loch im Sand, um den Wachsfluss ein wenig abzumildern. Bis knapp unter den Rand auffüllen.

5 Erlauben Sie dem Wachs, eine leicht trübe Oberfläche zu bilden, und stecken Sie dann vorsichtig den Docht mittig bis ganz nach unten hinein, sodass er am Boden ankommt. Er sollte von alleine aufrecht stehen.

6 Lassen Sie die Kerze eine Stunde stehen und gießen Sie sie dann mit ein wenig mehr geschmolzenem Wachs auf, um eine glatte Oberseite zu erhalten. Lassen Sie sie einige Stunden aushärten (lassen Sie sie länger, wird es schwieriger, den Sand außen von der Kerze zu entfernen), dann graben Sie den Sand beiseite und heben die Kerze aus dem Sand.

7 Bürsten Sie die Oberfläche mit dem Pinsel ab, um losen Sand zu entfernen. Schneiden Sie den Docht auf ca. 2 cm zu. Lassen Sie die Kerze mindestens 24 Stunden aushärten, bevor Sie sie anzünden.

MATERIAL

Paraffinwachs

Stearin

Pinke und rote Wachsfarbe

Fertige Dochte und Dochthalter

WERKZEUG

Grundausstattung für die
Kerzenherstellung (siehe Seite 11)

Herzformen

Ahle

Schere

SCHWIMMKERZEN *in Herzform*

Um mehrere Herzen in verschiedenen Rosatönen herzustellen, multiplizieren Sie die Wachsmenge, die Sie für ein Herz benötigen, mit der Anzahl der Kerzen, die Sie herstellen möchten, und schmelzen Sie die gesamte Menge ein. Geben Sie eine kleine Menge Farbstoff hinzu, machen Sie ein paar Kerzen, erhitzen Sie dann das Wachs erneut, geben Sie mehr Farbe hinzu, um den Farbton zu intensivieren, und fahren Sie immer so fort, um verschiedene Rosatöne zu erzeugen.

1 Bringen Sie das Paraffinwachs mit dem Stearin im Wasserbad zum Schmelzen und erhitzen Sie es auf 80 °C.

2 Fügen Sie kleine Stücke Farbstoff hinzu und rühren Sie vorsichtig um. Wenn Sie mehrere Kerzen in verschiedenen Pink- oder Rottönen machen, geben Sie anfangs nur eine kleine Menge hinzu, um mit der blassesten Farbe zu beginnen. Siehe Einleitungstext oben und Seite 12 für Tipps zur Zugabe von Farbstoffen. Achten Sie darauf, dass die Farbe gut eingerührt ist.

3 Gießen Sie das Wachs erst in eine Kanne und dann vorsichtig in die Form. Lassen Sie die Kerze eine halbe Stunde lang ruhen. Wenn das Wachs eingesunken ist, gießen Sie noch ein wenig Wachs auf.

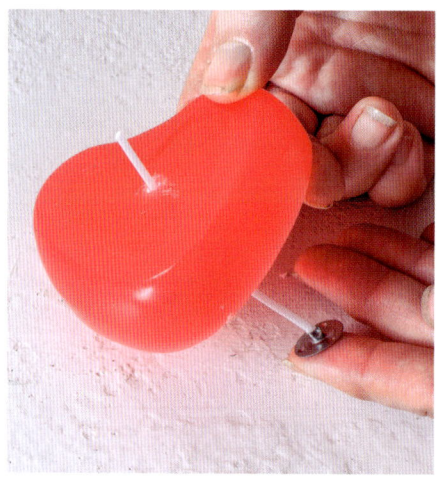
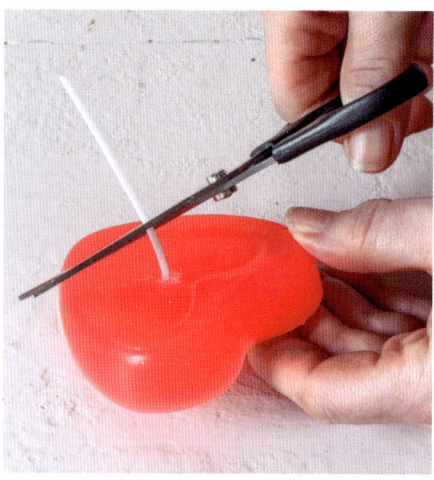

4 Lassen Sie das Wachs mindestens eine Stunde in der Form und nehmen Sie es erst dann heraus. Es sollte sich leicht lösen, achten Sie also darauf, dass es nicht herausfällt und zerbricht. Tauchen Sie die Ahle ein paar Sekunden in heißes Wasser und stechen Sie sie dann sehr behutsam durch die Form, um ein Loch in der Mitte zu machen. Wenn Sie sie ein wenig drehen, sollte sie leicht durch das Wachs hindurchgleiten.

5 Fädeln Sie den Docht von hinten nach vorne durch das Loch und drücken Sie den Dochthalter leicht in das Wachs, um ihn zu fixieren.

6 Schneiden Sie den Docht auf eine Länge von ca. 2 cm zu. Lassen Sie die Kerzen mindestens 24 Stunden stehen, bevor Sie sie anzünden. Lassen Sie sie in einer Schüssel mit Wasser und Blüten schwimmen, wenn Sie möchten.

MATERIAL

Backpapier (fettabweisend)

450 g Paraffinwachs

45 g Stearin

Fertiger Docht und Dochthalter

WERKZEUG

Grundausstattung für die
Kerzenherstellung (siehe Seite 11)

Backblech mit Rand (30 x 30 cm)

4 quadratische Keksausstecher in
verschiedenen Größen

Becher

Metallahle

TURM *aus Wachsquadraten*

Diese stilvolle Kerze wird aus einer Wachsplatte hergestellt, die mit Keksausstechern in Quadrate geteilt werden. Es ist wichtig, das Wachs auszustechen, bevor es zu hart wird, da es sonst brechen könnte.

1 Legen Sie ein Stück Backpapier auf das Backblech und falten Sie es entlang der unteren Kante rundherum, sodass das Papier innerhalb des Randes zu liegen kommt.

2 Erhitzen Sie Wachs und Stearin im Wasserbad, bis es eine Temperatur von 80 °C erreicht.

3 Legen Sie das Blech gerade und waagerecht hin und gießen Sie das Wachs so auf das Backpapier, dass eine gerade Schicht entsteht.

4 Nicht länger als 30 Minuten stehenlassen, dann mit den Keksausstechern je vier Wachsquadrate in jeder Größe ausstechen. Falls das Wachs noch zu weich ist, lassen Sie es noch fünf Minuten stehen und probieren Sie es dann noch einmal. Lassen Sie es jedoch nicht zu hart werden, da es sonst beim Ausstechen bröckeln könnte.

5 Füllen Sie die Tasse mit heißem Wasser. Stecken Sie das spitze Ende der Ahle in das heiße Wasser und stechen Sie ein Loch in die Mitte eines jeden Wachsquadrats. Wahrscheinlich müssen Sie die Ahle zwischen jedem Quadrat wieder ins heiße Wasser halten. Drücken Sie die Spitze vorsichtig durch das Wachs und drehen Sie sie dabei ein bisschen, damit sie hindurchgeht.

6 Stecken Sie den Docht durch eines der größten Quadrate von unten nach oben und achten Sie darauf, dass sich der Dochthalter flach an der Unterseite befindet.

7 Schieben Sie die restlichen Wachsquadrate von groß nach klein auf den Docht. Tupfen Sie ein wenig Wachs um das letzte Loch und den Docht herum, damit das Quadrat an seinem Platz bleibt. Mindestens 24 Stunden stehenlassen, bevor Sie die Kerze anzünden.

WACHS-*Windlichter*

Diese wunderschönen Wachswindlichter sorgen bei jedem Treffen mit Ihren Lieben für Atmosphäre. Im Spezialhandel gibt es Paraffinwachs mit hohem Schmelzpunkt. Wenn Sie es auftreiben können, wäre dieses Wachs überaus nützlich für Ihre Laternen, damit sie nicht schmelzen, wenn ein angezündetes Teelicht im Inneren platziert wird. Alternativ können Sie auch batteriebetriebene Teelichter verwenden.

MATERIAL

Paraffinwachs

Farbe (Creme)

Reis oder Sand

WERKZEUG

Grundausstattung für die Kerzenherstellung (siehe Seite 11)

Luftballon (heliumfest, da diese dicker sind)

Backform, ausgelegt mit Backpapier (fettabweisend)

Scharfe Schere

Teelichter (Kerzen oder LED)

1 Ziehen Sie den Ballon über den Wasserhahn und füllen Sie ihn langsam mit lauwarmem Wasser. Der Ballon sollte kleiner bleiben als das Wasserbad, das Sie benutzen. Nehmen Sie den Ballon vom Hahn und binden Sie ihn mit einem sicheren Knoten zu. Mit einem sauberen Tuch gründlich abtrocknen.

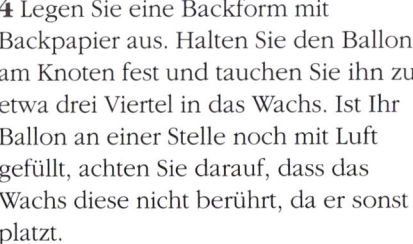

2 Geben Sie das Paraffinwachs ins Wasserbad und lassen Sie so viel schmelzen, dass es mindestens 8 cm tief ist.

3 Fügen Sie ein kleines Stück cremeweißer Farbe hinzu. Überprüfen Sie die Temperatur und nehmen Sie das Wachs bei 80 °C vom Herd.

4 Legen Sie eine Backform mit Backpapier aus. Halten Sie den Ballon am Knoten fest und tauchen Sie ihn zu etwa drei Viertel in das Wachs. Ist Ihr Ballon an einer Stelle noch mit Luft gefüllt, achten Sie darauf, dass das Wachs diese nicht berührt, da er sonst platzt.

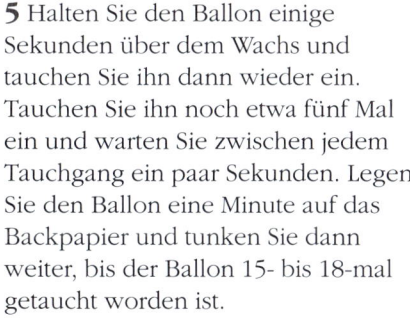

5 Halten Sie den Ballon einige Sekunden über dem Wachs und tauchen Sie ihn dann wieder ein. Tauchen Sie ihn noch etwa fünf Mal ein und warten Sie zwischen jedem Tauchgang ein paar Sekunden. Legen Sie den Ballon eine Minute auf das Backpapier und tunken Sie dann weiter, bis der Ballon 15- bis 18-mal getaucht worden ist.

6 Legen Sie den Ballon auf das Backpapier und lassen Sie das Wachs etwa 15 Minuten aushärten.

7 Halten Sie das Wachs samt Ballon über das Waschbecken und machen Sie an seiner Unterseite einen kleinen Riss in den Ballon (wenn Sie oben ein Loch machen, seien Sie darauf vorbereitet, sehr nass zu werden!) und lassen Sie das Wasser herausrinnen. Der Ballon sollte sich nun vom Wachs lösen, und leicht entfernt werden können.

8 Entfernen Sie das Backpapier von der Backform. Stellen Sie die leere Form ein paar Minuten in den heißen Ofen und holen Sie sie dann wieder heraus. Halten Sie die Laterne kopfüber für einige Sekunden auf die Backform, dann leicht drehen und abheben. So entsteht ein sauberer glatter Laternenrand. Mindestens 24 Stunden aushärten lassen, bevor Sie die Laterne das erste Mal verwenden. Damit Ihr Teelicht stabiler steht und Ihr Windlicht nicht zu großer Hitze ausgesetzt ist, können Sie Sand oder Reis einfüllen.

KAPITEL 6 VERZIERUNG
der Oberfläche

MATERIAL

Stumpenkerzen (siehe Seite 81 für die Herstellung) in dunklen Farben

Leim auf Wasserbasis

Blattgold (etwa 3 pro Kerze, je nach Größe der Goldbanderole)

WERKZEUG

Feines Sandpapier

Pinsel

BLATTGOLD-*Kerzen*

Veredeln Sie einfache Stumpenkerzen mit zartem Blattgold. Es ist in guten Kunst- und Handarbeitsläden in vielen Metallic-Tönen erhältlich und wird gemeinsam mit einem Kleber namens Gold Size verwendet. Ein Leim auf Wasserbasis ist jedoch einfacher zu verwenden und enthält weniger Chemikalien.

1 Nehmen Sie ein kleines Stück Sandpapier und schleifen Sie sehr behutsam ein Band um die untere Hälfte der Kerze. Sie sollten nur die Oberfläche des Wachses aufrauen, seien Sie also vorsichtig, damit ihr Wachs nicht zu sehr zerkratzt wird.

2 Bestreichen Sie den geschliffenen Teil der Kerze mit etwas Leim und lassen Sie die Kerze ca. 10 Minuten stehen, bis der Rand etwas getrocknet, aber noch klebrig ist.

3 Nehmen Sie einen Bogen Blattgold (auf seinem Trägerpapier) und drücken Sie es an die mit Klebstoff versehene Stelle mit der goldenen Seite zum Kleber hingewandt. Vorsichtig andrücken.

4 Glätten Sie das Goldblattpapier mit Ihrer Fingerspitze und achten Sie darauf, dass es an der Kerze festgeklebt ist.

5 Das Trägerpapier vorsichtig abziehen. Sind einige Stellen nicht mit Gold bedeckt, erneut das Papier aufbringen und darüberreiben. Ebenso fortfahren, um die gesamte Klebefläche zu bedecken. Nach dem Entfernen des Papiers vorsichtig mit einem trockenen Pinsel darüberpinseln, um lose Teile zu entfernen.

KERZEN MIT *Birkenrinde*

Selbstgemachte oder im Laden gekaufte Kerzen können mit silberner Birkenrinde veredelt werden. Die Rinde wird rund um einfache Stumpenkerzen gewickelt, was diesen eine Raffinesse und eine rustikale Note verleiht.

MATERIAL

Papier

Weiße Stumpenkerze (siehe Seite 81 für die Herstellung)

1 Blatt Silberbirkenrinde (aus dem Floristikhandel und online bei Bastelgeschäften)

Schnelltrocknender Klebstoff auf Wasserbasis

Schnur

WERKZEUG

Bleistift

Schere

1 Wickeln Sie das Papier um die Kerze und markieren Sie die Höhe und die Stelle, wo es überlappt. Schneiden Sie ein Rechteck aus Papier als Vorlage aus und fügen Sie der Länge 2 cm hinzu.

2 Halten Sie die Papierschablone auf die Rinde und schneiden Sie das Rechteck dann mit der Schere aus. Es sollte sich leicht ausschneiden lassen.

3 Wenn die Rinde, die Sie verwenden, sehr steif ist, legen Sie sie etwa 10 Minuten lang in heißes Wasser. Dadurch wird sie biegsamer. Holen Sie sie aus dem Wasser und trocknen Sie sie mit einem Papiertuch ab.

4 Wickeln Sie das Rechteck aus Rinde um die Kerze und tragen Sie den Klebstoff in einem ca. 2 cm breiten Streifen auf das untere Ende der Birkenrinde auf.

4 Drücken Sie die Enden der Rinde aneinander und binden Sie sie mit zwei oder drei Längen Schnur fest um die Kerze. Lassen Sie die Kerze stehen, bis der Kleber vollständig getrocknet ist, am besten über Nacht. Schneiden Sie die Schnur ab.

GESCHNITZTE *Kerzen*

Bunte Kerzen aus dem Laden sind oft eigentlich weiße Kerzen, die in gefärbtes Wachs eingetaucht wurden. Sie eignen sich perfekt für dieses Projekt, da das Schnitzen in die gefärbte Wachsschicht das Weiß darunter offenbart.

MATERIAL

Stumpenkerze (verwenden Sie fertige gefärbte Kerzen, die weiß in der Mitte sind, oder eine normale weiße Kerze, wenn Sie sie selbst färben möchten – siehe Schritt 1)

WERKZEUG

Schneidwerkzeug für Linolschnitte

Weicher Pinsel

1 Zum Färben von weißen Kerzen durch Eintauchen folgen Sie den Anweisungen auf Seite 124. Tauchen Sie die Kerzen zweimal vollständig in das sehr stark gefärbte Wachs und lassen Sie sie vollständig trocknen.

2 Die Arbeitsfläche mit Zeitungspapier abdecken, das Linolschnittmesser, in die eine und die Kerze in die andere Hand nehmen. Eine Wellenlinie von unten nach oben in die Kerze schneiden und das Messer immer von Ihrem Körper weg zeigend halten, da die Spitze sehr scharf ist.

3 Schneiden Sie kleinere geschwungene Linien in das Wachs und achten Sie darauf, dass die Linien einander nicht kreuzen, da das Wachs sonst in Stücken abbröckelt.

4 Fahren Sie damit fort, ins Wachs zu schnitzen, und gestalten Sie ein Muster rund um die Kerze. Wischen Sie dabei die kleinen Wachslöckchen mit Ihrem Finger weg, damit Sie das Muster gut sehen können.

5 Wenn die ganze Kerze geschnitzt ist, reinigen Sie sie vollständig mit dem Pinsel, um Wachsreste zu entfernen. Sollten Wachsstückchen von der Kerze abspringen, können Sie einen Löffel in heißem Wasser erhitzen, abtrocknen und an die Kerze drücken, damit das Wachs weicher wird, und das abgesprungene Teil so schnell wieder ankleben.

BUNTE GEZOGENE *Kerzen*

Überziehen Sie einfache Kerzen zum Veredeln mit gefärbtem Wachs. Beginnen Sie blasser und fügen Sie nach dem ersten Eintauchen mehr Farbe hinzu. Der Ombré-Effekt entsteht durch niedrigeres Eintauchen in der zweiten Runde.

MATERIAL

1,5 kg Paraffinwachs

Färbemittel (ich habe Blau und Grün verwendet)

Weiße Kerzen (siehe Seite 72, um sie selbst herzustellen)

WERKZEUG

Tauchbehälter

Topf

Thermometer

Holzlöffel

Stühle (als Trockengestell)

Alte Zeitungen

Schere

1 Geben Sie das Wachs in den Tauch-behälter und stellen Sie ihn in einen Topf. Füllen Sie diesen mit heißem Wasser und schmelzen und erhitzen Sie das Wachs darin auf eine Temperatur von 80 °C.

2 Rühren Sie vorsichtig ein Stück grüne Farbe ein, bis es geschmolzen ist (siehe Seite 12 für Tipps zur Zugabe von Farbe). Einige Stühle mit darunter-gelegtem Zeitungspapier zum Auf-fangen von Tropfen als Trocken-gestelle bereithalten.

3 Nehmen Sie den Tauchbehälter vom Feuer. Nehmen Sie zwei der Kerzen (wenn sie zusammenhängen; wenn nicht, tauchen Sie sie einzeln) und tauchen Sie sie zur Hälfte in das Wachs.

4 Ein paar Sekunden halten, dann erneut tauchen und ein bisschen höher in den Tauchbehälter halten, damit die Farbe leicht fließend verläuft. Hängen Sie die Kerzen über den Stuhl und lassen Sie sie einige Minuten trocknen.

5 Stellen Sie den Tauchbehälter wieder auf den Herd und geben Sie ein bisschen mehr grüne Farbe hinzu. Erneut vermischen und das zweite Kerzenpaar gleich wie zuvor eintauchen. Die Farbe sollte ein wenig stärker sein. Lassen Sie die Kerzen trocknen.

6 Diesen Vorgang wiederholen und immer wieder mehr Farbe hinzugeben, um intensivere Farben zu bekommen, je mehr Kerzen Sie färben. Fügen Sie Blau für Türkistöne und dann auch stärkere Blautöne hinzu. Lassen Sie alle Kerzen einige Stunden trocknen. Trennen Sie die Kerzenpaare, indem Sie den Docht durchschneiden, und schneiden Sie diesen auf ca. 2 cm zu.

Bezugsquellen

Buttinette
www.buttinette.de
www.buttinette.at

candolino Wachswaren
Hauptstraße 3
4893 Zell am Moos
www.kerzen.at

Die Kerze
www.die-kerze.de

Hobby-Versand Monika Schlachter
www.hobbyversand-schlachter.de

Ikea
www.ikea.com
Gut geeignet für ungefärbte Kerzen zum
Eintauchen in Farben

Imkereibedarf Schagerl
Kleine Seeaustrasse 5
3293 Lunz am See
www.imkereibedarf-lunz.at

Kerzen & Seifen
www.kerzen-und-seife.de

Kerzen Bastelshop
www.kerzenbastelshop.de

Kerzen Megastore
www.kerzen-megastore.de

Kerzenidee
Dr. Andreas Kokott
www.kerzenidee.de

Kerzenkiste
www.kerzenkiste.de

Kerzenstore
Auhofstrasse 75
3032 Eichgraben
www.kerzenstore.at

kerzenwelt donabauer GmbH & co KG
Gewerbepark 6
4163 Klaffer
www.kerzenwelt.de

Dochtstärke nach verwendetem Kerzenmaterial und -durchmesser [1]

Kerzenmaterial	Kerzendurchmesser	Dochtstärke
Paraffin- und Stearingemisch	15–25 mm	Flachdocht 3 x 7
Paraffin- und Stearingemisch	20–60 mm	Flachdocht 3 x 9
Paraffin- und Stearingemisch	40–60 mm	Flachdocht 3 x 12
Paraffin- und Stearingemischkerzen	ca. 60 mm	Flachdocht 3 x 15
Paraffin- und Stearingemischkerzen	ab 60 mm	Flachdocht 3 x 18
Paraffin- und Stearingemischkerzen	ab 70 mm	Flachdocht 3 x 21
Für dickere Kerzen		Flachdocht 3 x 27

Dicke der Runddochte für Bienenwachskerzen [2]

Gewickelte Kerzen
(Wachsplattenmaß ca. 350 x 200 mm)

Nummer des Dochtes	Anzahl der Wachsplatten
0	1/6 Wachsplatte für Christbaumkerzen
2	1 (konische Kerzen)
4	1
6	2
8	3
10	4

Dicke der Runddochte für gegossene und getauchte Kerzen

Nummer des Dochtes	Kerzendurchmesser in mm
2	12–14
4	20–25
6	30–35
8	35–40
12	3

1 Quelle: Kerzenmacher.info

2 Quelle: Spürgin, Armin: Bienenwachs. Eugen Ulmer KG, Stuttgart 2010.

Stichwortverzeichnis

Danksagungen

Ein riesiges Dankeschön an Debbie Patterson für diese – wie immer – wunderschönen Fotografien und ihren nie enden wollenden Humor, ihre Inspiration und ihre Begeisterung. Ich danke Rebecca Mays vielmals für die freundliche Leihgabe der Kerzenständer. Emily Bowling danke ich herzlich für die großzügige Lieferung von Salbeiblättern für die Räucherbündel. Vielen Dank an Anna Galkina für die durchdachte Bearbeitung und Unterstützung während des gesamten Projekts. Mein Dank ergeht an Gurjant Mandair für die Erarbeitung der Orte. Ich danke Sally Powell, die das Buch so schön gestaltet hat. Und natürlich bedanke ich mich bei Cindy Richards, die mir die Gelegenheit geboten hat, etwas Neues auszuprobieren. Ich bin sehr dankbar, dass ich mit einem lieben Team an einem so lustigen Projekt arbeiten konnte. Last but not least ergeht mein Dank an Laurie, Gracie und Betty – für einfach alles.